キャラクターでわかる

斬[illegible]首コレクション

JN256314

水王舎

はじめに

哲学には「難しい」というイメージが常につきまとっているが、哲学者が残した言葉には、哲学とは縁のない私たちにもハッとさせるような発見がある。

そして〝哲学とは縁のない私たち〟にも、時に「人生とは何か」「真実ってなんだろう」などと考える時がある。そういったことを常に考えたのが哲学者であり、そういう意味ではとても変わった人種ではあるものの、決して私たちと違う世界にいる人たちではない。

本書ではそんな彼らの人となりを掘り下げ、思考のポイントをまとめている。

「哲学者（フィロソファー）」とは、「知恵を愛する者」を意味する古代ギリシャ語に由来する。本書を読んで、貴方がふと何かを考えるきっかけになれば幸いだ。

目次

はじめに 002
■古代の哲学者 005
ミレトスのタレス 006
ピタゴラス 008
ヘラクレイトス 010
ソクラテス 012
プラトン 014
アリストテレス 016
エピクロス 018
キプロスのゼノン 020
年表&思想分類　古代の哲学者 022
東洋の哲学者たち① 024
■中世〜近代の哲学者 025
アウレリウス・アウグスティヌス 026
トマス・アクィナス 028
フランシス・ベーコン 030
トマス・ホッブズ 032
ルネ・デカルト 034
ブレーズ・パスカル 036
バルフ・デ・スピノザ 038
ジョン・ロック 040
ゴットフリート・ライプニッツ 042
ジョージ・バークリ 044
デイヴィド・ヒューム 046
ジャン＝ジャック・ルソー 048
イヌマエル・カント 050
ジェレミー・ベンサム 052
ゲオルク・ヘーゲル 054

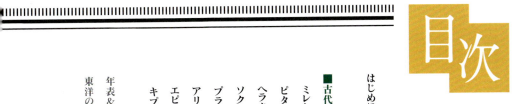

アルトゥール・ショーペンハウアー 056
ジョン・スチュアート・ミル 058
セーレン・キルケゴール 060
カール・マルクス 062
チャールズ・サンダース・パース 064
ウィリアム・ジェイムズ 066
フリードリヒ・ニーチェ 068
ジグムント・フロイト 070
カール・グスタフ・ユング 072
ジョン・デューイ 074
年表&思想分類 中世~近世の哲学者 076
年表&思想分類 近代の哲学者 078
東洋の哲学者たち② 080

■現代の哲学者 081

エドムント・フッサール 082
バートランド・ラッセル 084
ジャン=フランソワ・リオタール 086
フェルディナンド・ソシュール 088
マルティン・ハイデガー 090
ルートヴィヒ・ウィトゲンシュタイン 092
ルドルフ・カルナップ 094
シモーヌ・ド・ボーヴォワール 096
カール・ポパー 098
ジャン=ポール・サルトル 100
エマニュエル・レヴィナス 102
モーリス・メルロ=ポンティ 104
ジョン・ロールズ 106
トマス・クーン 108
ミシェル・フーコー 110
ユルゲン・ハーバーマス 112
ジャック・デリダ 114
年表&思想分類 現代の哲学者 116

古代の哲学者

Thalēs of Miletus
Pythagoras
Hēraclitus
Socrates
Plato
Aristotle
Epicurus
Zeno of Citium

ミレトスのタレス

THALĒS OF MILETUS

世界から「神」を切り離した、
最初の哲学者にして七賢人の一人

国	生没年
ギリシア	前624～前546
著書	
なし	

イラスト／白鴉

万物の根源は水である

「世界は神がつくったもの」という思想から脱却し、合理的な原理の追求を試みた。生物の養分となるものが湿っていることを観察した結果だろうとアリストテレスは推測している。

哲学という概念を生んだ多芸多才なスーパーマン

神話的思考から脱却し、万物の根源を合理的に解き明かそうとしたことでアリストテレスによって哲学の創始者として位置づけられた。タレス自身の著書は残っていないが、万物の根源を水だと考えた。「ひとつの原初的物質から世界が形成される」と考えるイオニア学派の創始者でもある。

哲学だけでなく、幾何学、天文学、土木技術、政治など多方面に渡って活躍。「日食を予言した」「1年を365日に分けて1カ月を30日にした」「エジプトの測地術を学び、ピラミッドの高さを影の長さから計算した」などとも伝えられるが、信憑性に乏しい伝承も多い。

ミレトスのタレスと関係の深い哲学用語

ギリシャ七賢人

前620〜前550年にかけて活躍したギリシャの哲学者や思想家、政治家7人のこと。タレスのほか、アテナイのソロン、ミュティレネのピッタコスなどがいるが、誰を示すかは史料により変わり、伝承には虚構も多いとされる。ヘレニズム時代などに文学の題材としても好まれた。

イオニア学派

自然の中に万物の根源を見出し、体系的、理論的に考察しようという「自然哲学」。イオニア学派はギリシャの植民地・イオニア地方で生まれた「ひとつの原初的物質（タレスの場合は水）から世界が形成される」とする自然哲学の考え方。オリエント文明の影響を受けたという。

ピタゴラス

PYTHAGORAS

輪廻転生からの解脱を目指した古代ギリシャの「知の巨人」

国	生没年
ギリシア	前582〜前496
著書	
なし	

イラスト／猫屋くりこ

万物の根源は数である

万物の原理を「数」で表せるとする考え方。奇数は男性、偶数は女性を示し、男性数３と女性数２の和・５は結婚を象徴するなど、あらゆることを数字で解き明かそうとした。

政治活動の夢破れたが、宗教家として世界を変えた

ギリシャ・サモス島出身。親友とサモス島の政治改革を行なったものの、次第に独裁者となっていった親友を止められず、30歳頃出奔した。エジプト、ペルシア、インドなど世界各地を放浪してさまざまな学問を修め、晩年は南イタリア・クロトンに移住する。

クロトンでは知恵の探求（フィロソフィア）によって魂の解脱を目指し、禁欲的な修行生活を送る宗教結社・ピタゴラス教団を設立。数字に合理性だけでなく神秘性も求め、「万物の原理は数である」として重視した結果、三平方の定理やピタゴラス数の発見など、数学史上さまざまな業績を残した。

ピタゴラスと関係の深い哲学用語

三平方の定理

ピタゴラスの定理ともいわれる。直角三角形ＡＢＣの斜辺ＢＣを一辺とする正方形の面積は、他の二辺ＡＢ、ＡＣを一辺とする二つの正方形の面積を足したものに等しいとする定理。この定理やその応用は、古代エジプトや中国でも土地の区画などに用いられたとされる。

オルフェウス教

神話的人物オルフェウスを祖とする、宇宙と人間との生成について説いた宗教。肉体に幽閉された魂の救済、輪廻転生、肉食の忌避など、ピタゴラス学派が組織するピタゴラス教団と非常に近い性格を有していた。同時代に存在しており、相互に影響し合っていたと考えられる。

ヘラクレイトス

HĒRACLITUS

気難し屋の王族出身者が伝えようとした「戦い」とは

国	生没年
ギリシア	前540頃~前480頃

著書
『ペリ・フュセオース（自然について）』 ※ヘラクレイトスの著書という説がある。

イラスト／汐街コナ

戦いは万物の父、万物の王である

琴の弦が鳴るメカニズムや昼と夜など、本来は反対の働きをする二つの力が結合してひとつの法則となり、万物を存在させるという考え方。「戦い」とは力の結合を比喩的に表したもの。

「万物流転」を見出し、そこに法則があると考えた

イオニア地方出身で、エフェソス王家の出自を持つ。ホメロスやピタゴラスなど、同時代の文学者や哲学者を罵ったりもした、人付き合いに難のある人物だったらしい。短く難解な文体で思想を残したため、「闇の人」「謎をかける人」とも呼ばれた。

「万物は何からできているのか」と最初に問いを投げかけたのはミレトスのタレスだったとされるが、ヘラクレイトスはそこから一歩進み、「万物に共通するものは何か」と疑問を持った。その答えが「変化すること」で、変化には共通する合理的な法則「ロゴス」があると考えた。

ヘラクレイトスと関係の深い哲学用語

▼パンタ・レイ

「万物は流転する」の意味。ヘラクレイトス自身の言葉ではなく、後世の哲学者を通して広まったもの。「この世界にあるものはすべて絶えず変化し続ける」という考え方で、「同じ川には二度と入れない」（二度目に入るときはすでに変化した後の川だから）などと表現した。

▼ロゴス

すべての物質が変化する際の共通したルール。言葉、議論、計算などを意味するギリシャ語。相対するものを結合し、万物を統一する法則となるもの。「相対するものの結合」の象徴として、「火」という言葉も用いられる。ロゴスを認識することのうちに知恵があるとした。

ソクラテス

SOCRATES

「その〝知〟思い込みでは?」
問答法で斬り込む伝説的哲学者

国	生没年
ギリシア	前469〜前399
著書	

イラスト／時々

無知の知

知者と呼ばれる人々は「何も知らないのに知っていると思い込んでいる」が、ソクラテスは「自分は何も知らないと自覚している」と気づいた。これを「無知を知る」＝無知の知という。

真理を求める生き様を貫き最期は自ら毒杯をあおった

アテネ出身。石彫家の父と助産師の母との間に生まれたとされる。重装歩兵として三度戦争に参加し、忍耐心や勇気を示したという。

アポロン神殿で「ソクラテス以上の知者はいない」と神託を受け、自分の何が他者より優れているのか考えたソクラテスは、自分は無知を自覚していると結論を得た。問答法により人々にも無知を悟らせ、真の知を求めるよう目指したが、そのために政治家などから恨まれ、不敬神の罪を得て死刑宣告を受ける。逃げる機会がありながらも真理を求める生き方を貫き、弟子に惜しまれながら最期は自ら毒杯をあおった。

ソクラテスと関係の深い哲学用語

問答法

相手が発した言葉の明確な意味を尋ねたり、矛盾を指摘したりすることで、相手に自らが無知であることを自覚させる対話術。相手が漠然とした知識や思い込みから離れ、真の知識の追求することを目的とした。無知を暴かれてソクラテスを恨む人もおり、死刑を招いたとも。

汝自身を知れ

太陽神アポロンを祀るデルフォイの神殿の入り口に刻まれていたという格言。ミレトスのタレスやキロンの作ともいわれるが定かではない。ソクラテスはこれを「自らの無知を自覚し、正しい行動を心がけよ」という意味だと解釈して、自身の哲学的活動の指針とした。

プラトン

PLATO

「民主主義なんてやってられるか」
哲人王の誕生を目指し尽力

国	生没年
ギリシア	前427~前347

著書
『ソクラテスの弁明』 『饗宴』 『国家』

イラスト／葉山えいし

権力と哲学がひとつになるまで安息はありえない

ソクラテスの説こうとした真の知を求め、善や美のイデアに迫ることのできる哲学者こそ支配者になるべきだと、著書『国家』で語った。同書では理想的な国のあり方についても触れた。

イデアをよく示せる者こそ王として国を統治するべき

「後の西洋哲学はすべてプラトンの注釈である」とまでいわれた哲学者。アテナイの名家に生まれ、青年時代よりソクラテスの教えを受ける。若い頃は政治家を志したが、詭弁を弄する政治家がもてはやされて衆愚政治に陥り、ソクラテスを死に追いやった当時のギリシャの民主主義に失望。イタリア、エジプトなどを遍歴した後、アテナイ郊外に「アカデメイア」という教育機関を設立し、善や美、正義などの「イデア」を人々に気づかせることのできる哲学者を育てようとした。プラトンはまた、そういった人物こそ「哲人王」として支配者になるべきだと説いた。

プラトンと関係の深い哲学用語

▼イデア

決して顕現することのない完璧な存在や事象のこと。例えば完璧な三角形というものは、厳密にはこの世には存在しない。拡大して見れば「線が歪んでいる」など、三角形と呼べない形になるからだ。すべてのものにイデアがあり、それらが存在する世界を「イデア界」と呼ぶ。

▼エロス

人は生まれる前にイデアを見ていたが、生まれるときにほとんど忘れてしまうとプラトンは考えた。決して顕現しないはずのイデアを知っていて、さらに目指そうとするのは、魂が覚えていたイデアに憧れ、一体になろうとしているから。この衝動のことをエロス（純愛）という。

アリストテレス

ARISTOTLE

大哲学者の遺伝子を受け継ぎ
「万学の祖」、縦横無尽に活躍

国	生没年
ギリシア	前384～前322
著書	
『形而上学』 『ニコマコス倫理学』	

イラスト／シキユリ

すべての人間は
生まれつき
知ることを欲する

著書『形而上学』の冒頭に表れる言葉。この書は全14巻からなり、自然科学を超え、形而上学、つまり存在の根拠や定義を究極的・根本的に問おうとする姿勢を示す。

学問のあり方を決定づけた万能にして偉大な哲学者

17歳からプラトンのアカデメイアで哲学を学び、優れた才能を見せつけたアリストテレス。しかしプラトンの哲人王思想やその根拠となるイデア論に対しては批判的な立場を取った。

アリストテレスは、「存在の本質は超感覚的なイデアにあるのではなく、形（形相・エイドス）と材料（質料・ヒュレー）の様々な組み合わせにある」とした。「横たわれる形」で「木製」の存在は「ベッド」といった具合だ。ここにさらに現実態、可能態などの条件を組み合わせて理解を深め、自然界の多くのものを体系的に分類。万学の祖と呼ばれた。

アリストテレスと関係の深い哲学用語

現実態、可能態

形相と質料には、現実態と可能態の二種類があるとする。現実態は、質料に形相がすでに実現されている。「ベッド」でいえば木がすでに横たわれる形になった状態。可能態は、質料が何らかの形相になれる可能性を持った状態。ベッドにも椅子にもできる木材は可能態といえる。

三段論法

アリストテレスが完成させた、大前提、小前提、結論の三段階からなる論理的推論方法。「人間は必ず死ぬ」「ソクラテスは人間である」「よってソクラテスは必ず死ぬ」など。こうした論理的な推論を重ね、天文学、動物学、植物学、地学など様々な分野の研究を進めていった。

エピクロス
EPICURUS

伝統を見失った世界だからこそ
シンプル&ピースフルに生きる

国	生没年
ギリシア	前342～前270

著書

『箴《しん》言集』
『書簡』

イラスト/トミダトモミ

隠れて生きよ

人や食への執着、政治への不満など、抱えずともいい苦悩を抱えるのが人間。エピクロスはこういった執着から離れ、友人たちと友愛を育みながら静かに暮らすことをこの言葉で薦めた。

「快楽主義」の真の意味は慎ましい生活を求めること

「エピキュリアン」（快楽主義者）という言葉で誤解されがちだが、実際のエピクロスは、「体や心に苦痛がない状態で質素に生きること」が快楽であり、その状態を求めて生きようと説いた。「友愛」を掲げた彼の学園には、男女や身分の区別なく人が集まった。

エピクロスが活躍したのは、アレキサンダー大王が空前の世界帝国をつくりあげた時代。ギリシャではそれまで培われた伝統が崩壊し、人々は新たな生き方を求めて悩んでいた。エピクロスは苦痛でも最大のものは死だと考えたが、「アトム論」を用いて「死は怖くない」と結論を出した。

エピクロスと関係の深い哲学用語

▼アタラクシア

魂が平静、不動であること。最小限の食べ物を得て、真に心が通い合う友人たちと、死などの恐怖に怯えずに心地よく静かに生きることでアタラクシアは実現される。神に対しても「万能の存在について、人間が考えすぎて不必要に恐れてもしょうがない」という立場だった。

▼アトム論

デモクリトスが提唱した「万物は原子（アトム）からなる」という「アトム論」で、「死は恐れるものではない」とした。心身がアトムでできているとしたら、死んだときにはアトムが崩壊し、「死んだ」と知覚できない。ここから「存在しているときには死はやってこない」とした。

キプロスのゼノン

ZENO OF CITIUM

情念あるところに幸福なし！
「無感動」で自然と一体化せよ

国	生没年
ギリシア	前335～前263
著書	
散逸して残っていない	

イラスト／唯奈

自然に従って生きよ

人間は本来理性的な存在。理性を鍛えて快楽や情念（パトス）を遠ざけることで、無感動（アパテイア）の境地に至り、宇宙を支配する「自然法」を理解して自然と一体化できるとした。

幸せになりたいから禁欲！ロゴスの前には人類平等！

エピクロスと同じように、アレキサンダー大王が世界帝国をつくった時代に活躍。商人の子として生まれ、フェニキア系の血筋を持つ。外国人ではあるが、アテナイ市民から愛された。

価値観が目まぐるしく変わったこの時代、ゼノンは「幸福を得るに必要なのは、理性を獲得し、宇宙を支配する普遍的法則〝ロゴス〟と自分の意志を合致させること」とした。また、人間は皆、ロゴスの前には平等な存在だという発想も持った。極端な禁欲を薦めるあまり、新品の服をわざと汚してから着ることなどもあった。

キプロスのゼノンと関係の深い哲学用語

ストア派

最初、ゼノンの学派は本人の名前をとって「ゼノン派」と呼ばれていた。しかし、ストア・ポイキレ（壁画つき柱廊）で学園を開き、人々と問答したことから、場所の名前を取って「ストア派」と呼ばれるように。「禁欲的」という意味の「ストイック」という言葉の元になった。

キュニコス派

ゼノンの思想に大きな影響を与えた学派。ディオゲネスという人物の生き方を理想とし、彼の「犬」とあだ名から犬儒派と訳された。富や名声を軽蔑して徳に従い、自給自足して生きるのをよしとする。ゼノンは活動の初期、キュニコス派の思想に従い社会改革を目指そうとした。

年表&思想分類 古代の哲学者

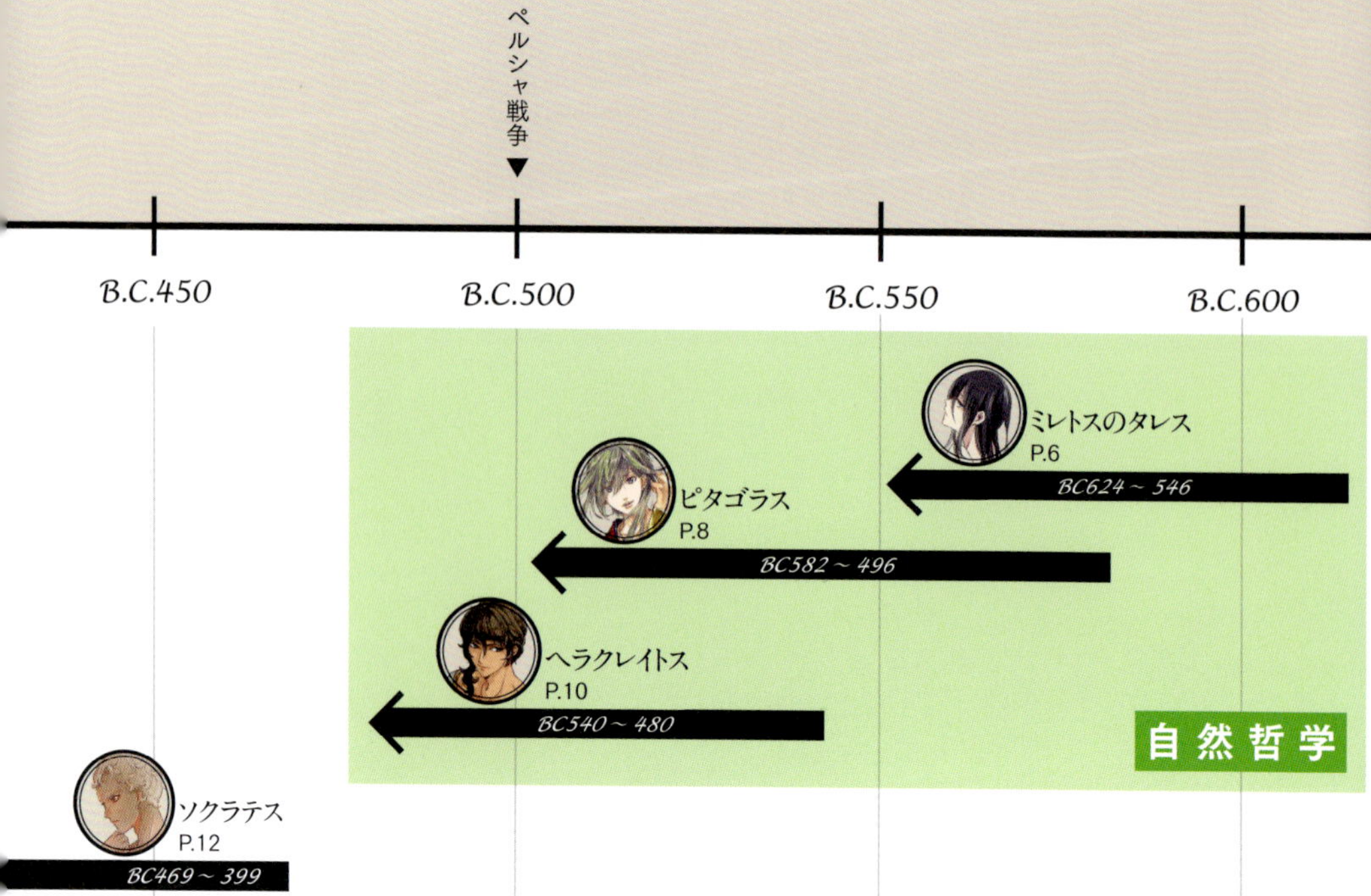

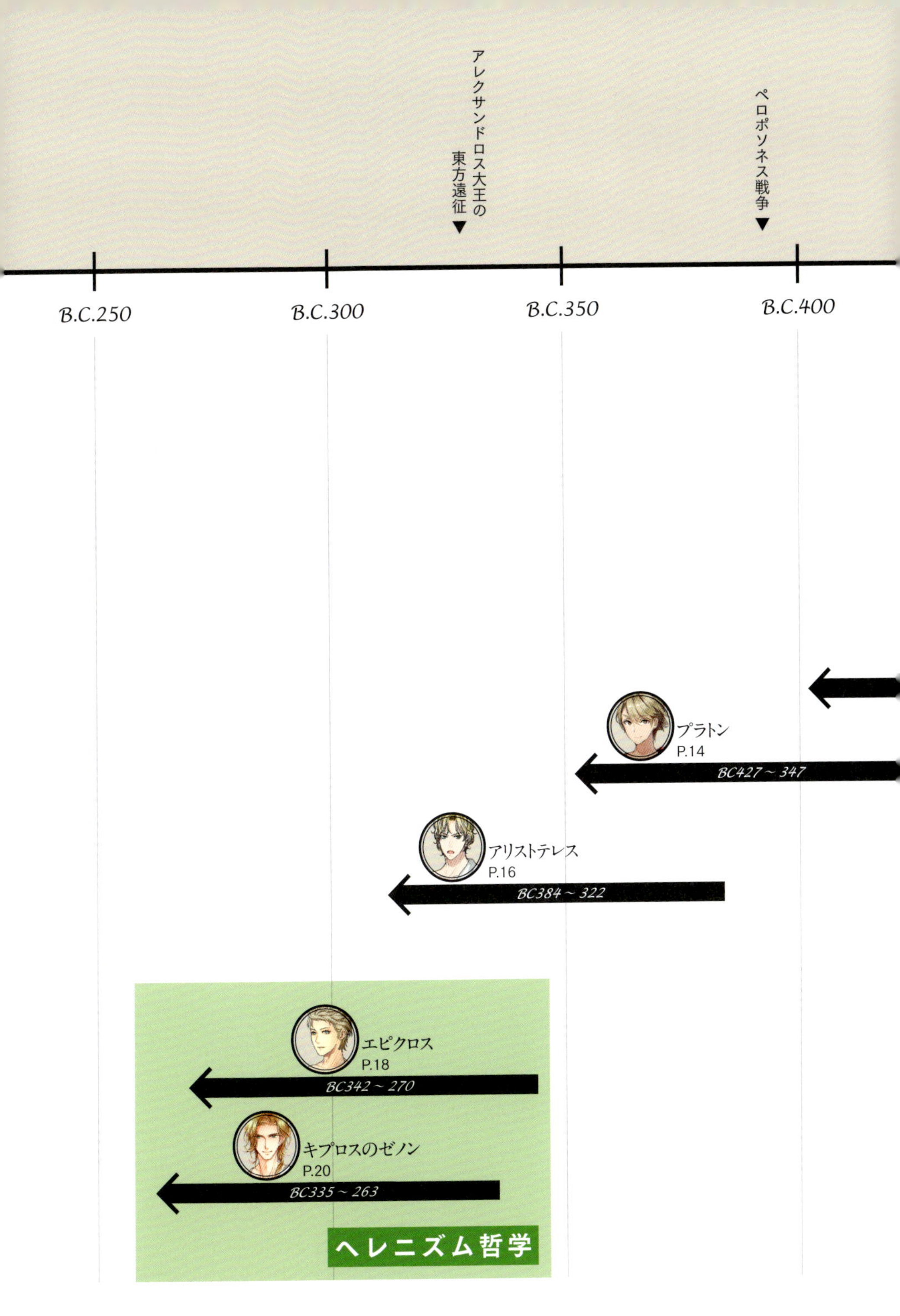
ペロポネソス戦争
アレクサンドロス大王の東方遠征
B.C.400
B.C.350
B.C.300
B.C.250
プラトン
P.14
BC427～347
アリストテレス
P.16
BC384～322
エピクロス
P.18
BC342～270
キプロスのゼノン
P.20
BC335～263
ヘレニズム哲学

東洋の哲学者たち①

本名はゴータマ・シッダールタ。現在のネパール南部、カピラバストゥ城で、シュッドーダナ王の子として生まれた。

仏教の開祖として知られる仏陀もまた、偉大な哲学者の一人だった

哲学者というと、ギリシャをはじめヨーロッパ出身の人ばかりが有名ですが、アジアにもすぐれた哲学者はいます。その代表ともいえるのが、仏陀（釈迦）です。

ご存じのとおり、仏陀は仏教の開祖です。29歳で出家、35歳で悟りを開き、仏教を開きました。その仏教の教えに「諸行無常」というものがあります。森羅万象、この世にあるあらゆるものは、絶えず変化をして移り変わっていくということ。物事はどんどん変化をしていきますから、自我さえもないと説いています。この思想が「諸法無我《しょほうむが》」です。

世にあるものは自分自身すらも変化していく。それがわかると、人は己を縛る欲望から解放され、安らかな心を得られるとしています。

中世～近代の哲学者

Aurelius Augustinus
Thomas Aquinas
Francis Bacon
Thomas Hobbes
René Descartes
Blaise Pascal
Baruch De Spinoza
John Locke
Gottfried Wilhelm Leibniz
George Berkeley
David Hume
Jean-Jacques Rousseau
Immanuel Kant

Jeremy Bentham
Georg Wikhelm Friedric Hegel
Arthur Schopenhauer
John Stuart Mill
Søren Aabye Kierkegaard
Karl Heinrich Marx
Charles Sanders Peirce
William James
Friedrich Wilhelm Nietzsche
Sigmund Freud
Carl Gustav Jung
John Dewey

アウレリウス・アウグスティヌス

AURELIUS AUGUSTINUS

あちこち首を突っ込んだおかげで最強の教義ができました！

国	生没年
アルジェリア	354～430
著書	
『告白』 『神の国』 『三位一体論』	

イラスト／猫屋くりこ

悪とは善の不完全な姿にすぎない

「神が絶対的な善だというなら、なぜこの世に悪をつくったのか」という問いに対し、「悪は悪ではなく、善の不完全な状態を指す」と結論を出した。イデア論の影響が明白だ。

世界帝国にふさわしい「誰でも救われる」教義

パウロらの尽力により、キリスト教が国教となったローマ帝国。しかし国教になったことで今度は派閥争いが始まった時代、アウグスティヌスは中産階級の両親の間に生まれた。

若い頃は女性と同棲して子供をもうけたり、知識を求めてマニ教や新プラトン主義などに傾倒したり、「キリスト教的には」褒められない生活を送る。回心後、その際に得た知識や客観的視点を活かし、他学派を圧倒する教義を確立。著書『告白』で自分の欲望を正直に述べ、「このように弱く情けない人間でも神は救ってくれる」とし、万人が受け入れやすい宗教にした。

アウレリウス・アウグスティヌスと関係の深い哲学用語

▼教父哲学

1～8世紀の古代キリスト教会において、ローマ帝国に認められ、教会の正当性を著述などで明らかにし、信徒の規範となる生活を送った人々を教父（パトレス）と呼んだ。彼らが展開した教義を、教父哲学という。中世のキリスト教神学は、教父哲学を基盤として構築された。

▼神の恩寵

当時、キリスト教の他学派には「人間は努力して禁欲することで神に救われる」、つまり人は自力で善行を行ない、救済されることができると説いた。これに対してアウグスティヌスは、「人間は欲望から逃れられない弱い存在で、『神の恩寵』のみによって救われる」とした。

トマス・アクィナス
THOMAS AQUINAS

神学VS哲学のバトル勃発!?
神学の「至高の座」を守れ!

国	生没年
イギリス	1225～1274
著書	
『神学大全』 『対異教徒大全』 『命題論集注解』	

イラスト／rikko

哲学は神学の召し使いである

自然哲学は確かに正しい。しかし、最初に物事を動かすのは神の意志である。また、理性では測れない「死」や「宇宙」などは神の領域である。ここから、神学は哲学より上位とした。

神がいるから哲学もある。神はあくまでも万能で至高

13世紀、キリスト教は危機的状況に陥っていた。十字軍の影響でイスラム世界から入ってきたアリストテレスの自然哲学が無敵とも思われる論理で、これまでキリスト教が築いてきた「神の存在」を覆しそうになった。

貴族の両親の反対を押し切り、ドミニコ会の修道士となったトマスは、敵の武器ともいえる論理性を受け入れて対抗。そもそも物事に自然哲学的な因果関係が生じるのは、神の力が及んでいるからとした。多くの著作を残したが、死の一年前に神秘体験に遭遇し、「今までに書いたものは藁くず同然だ」と言い、突然筆を置いた。

トマス・アクィナスと関係の深い哲学用語

▼スコラ哲学

4世紀末〜15世紀中頃のヨーロッパの神学校で研究されていた哲学。スコラはスクールの語源。教会の権威を高めようとし、哲学としばしば対立した。哲学を否定することなく、柔軟に組み入れつつも神学の優位性を示したトマスの教義体系は、スコラ哲学の頂点にあるとされる。

▼ドミニコ会

1216年、ドミニクスが創立した修道会。「従順、清貧、童貞」を戒律とし、共同生活や神学研究を通して信仰を深めようとする。旅を通して啓蒙活動を行ない、その姿から「托鉢修道会」とも呼ばれた。日本にも17世紀初頭に伝来し、現在でも布教が行なわれている。

フランシス・ベーコン
FRANCIS BACON

科学知識で人間の生活が向上すると説いたイギリス経験論の祖

国	生没年
イギリス	1561 ～ 1626

著書
『学問の進歩』 『ノヴム・オルガヌム―新機関』

イラスト/ムラシゲ

知は力なり

ベーコンは、はじめに神ありきで世界を説明するスコラ哲学を批判。人間の暮らしは経験で得る知識と自然の支配により向上すると説き、「知は力なり」と表現した。

自然科学の知識の重要性を最期まで主張

イギリスルネサンス期を代表する哲学者、政治家。高級官吏の家に生まれ、23歳で国会議員となる。45歳で14歳の少女と再婚。以後はジェームズ1世のもと出世し、57歳で大法官に就任したが、収賄により公職から追放された。

古い哲学や神学を批判するベーコンは、人間は知識や観念を生まれもたず、すべてを経験によって得るというイギリス経験論の先駆となった。そして、経験や実験を重ねて自然法則を理解することで、人間の生活が豊かになると主張。晩年も実験に勤しむが、鶏の腹に雪を詰めて冷凍保存の検証をした際、肺炎にかかり死去した。

フランシス・ベーコンと関係の深い哲学用語

▼4つのイドラ

人間は正しい知識の会得を4つのイドラ（偏見や先入観）に妨害され得るとし、「種族のイドラ」（天動説など人類共通の誤認）、「洞窟のイドラ」（境遇や個人的体験でもつ偏見）、「市場のイドラ」（噂など言語上の誤解）、「劇場のイドラ」（権威者の妄信）に区分した。

▼帰納法

イギリス経験論者の間で自然法則を引き出す際に有効とされ、デカルトら合理論者の演繹法とは大きく異なる論法。実験・観察で得た事例をたくさん集め、そこから一般論を導く。たとえば「人間Aが死んだ、Bが死んだ、Cが死んだ。ゆえに、人間はいつか必ず死ぬ」となる。

トマス・ホッブズ

THOMAS HOBBES

市民国家形成のために
海獣のごとき権力があると説いた

国	生没年
イギリス	1588 ～ 1679

著書
『リヴァイアサン』 『哲学原論』

イラスト／よるかげ

自然状態においては万人の万人に対する闘争が起こる

「人は人に対して狼である」とも述べ、人間はほかの動物間に比べて肉体的強弱の差が少なく、公的権力がない状態（自然状態）では万人が権力や富を求めて争うものとした。

国家は神でなく人が作ると社会契約説を提唱

近代政治学の祖の一人として知られる哲学者。イギリス国教会の牧師の家に生まれ、オックスフォード大学卒業後、貴族の家庭教師を務める傍ら研究を続けた。機械論的な自然観・人間観をもち、ベーコンやデカルト、ガリレオ・ガリレイとも親交をもった。

清教徒革命の混乱を避けて一時フランスへ亡命。そこで『リヴァイアサン』を著し、国家は王権神授説に基づく神の創造物ではなく、人間が争いを起こさないという社会との契約を結んで形成する人工物であるとした。同著は当時のイギリスでは無神論的であると批判され、発禁処分となりかけた。

トマス・ホッブズと関係の深い哲学用語

自然状態

公的権力も支配もない社会における人間の状態を示す。ホッブズはこの状態では万人が争うと考え、個人の自由を保つには社会契約と、処罰を決める公的権力が必須であるとした。これは絶対王政を擁護するものとなり、社会契約説はのちロックらが革命的なものに発展させた。

リヴァイアサン

ヨーロッパの絶対王政期では、王の権力は神より授かったとする王権神授説が提唱されていた。ホッブズはこの信仰的な説に頼らず、人々が形成する市民国家を先駆けて提唱し、絶大な力をもつ王を旧約聖書ヨブ記に登場する恐ろしい海獣・リヴァイアサンに例えた。

ルネ・デカルト

RENÉ DESCARTES

すべてを疑う自分の意識を
真理とした近代哲学の父

国	生没年
フランス	1596～1650
著書	
『方法序説』 『省察』 『情念論』	

イラスト／汐街コナ

我思う、ゆえに我あり

近代哲学の端緒となった言葉。方法的懐疑により、考える主体である自己＝確実な存在とし、自著『方法序説』の中でこう表現。デカルトはこの命題を哲学の第一原理とした。

合理（理性）主義者として物心を別のものと定義

22歳で軍隊に入り、幕営地で思索に耽り「驚くべき学問の基礎」を発見。除隊して哲学や数学に専心した。デカルトはスコラ哲学のような信仰ではなく、人間のもつ理性によって真理を探究しようとした。方法的懐疑、物心二元論を説き、機械論的な世界観を提唱した。

人には生得観念（生まれもった知識や善悪の観念）があるとし、演繹法を用いて、ベーコンらのイギリス経験論と対立する大陸合理論の立場をとった。演《えん》繹《たく》法《ほう》とは、一般的な原理・前提から個物の真理を導く論法で、たとえば「人間はいつか死ぬ→Aは人間だ→ゆえにAはいつか死ぬ」となる。

ルネ・デカルトと関係の深い哲学用語

▼方法的懐疑

デカルトは、絶対的な真理を求め〝この世は夢かもしれない〟と万物を徹底的に疑い、疑う自分の意識だけは疑いようもなく存在していると気づく。そして人間が疑う不完全なものなのに〝完全〟という観念をもつのは、神がそれを授けたからと理論付けた（神の存在証明）。

▼物心二元論

精神と物体は別々に存在するという理論。精神の本質は思惟、物体の本質は延長（空間的な広がり。高さや奥行きなど計測可能）であると主張。身体を失っても精神（霊魂）は残るとし、身体は物体と同じく徹底的な機械論で説明され、その動きを科学的に計算できるとした。

ブレーズ・パスカル

BLAISE PASCAL

人間の有限と無限を認め
柔軟な心情で捉えるべきである

国	生没年
フランス	1623～1662
著書	
『パンセ』	

イラスト／裕

人間は考える葦《あし》である

『パンセ』での言葉。人は広大な自然の中では弱く、思考できる点に尊厳がある。同著で、人はときに考えず気晴らしで惨めさを誤魔化すが、それへの依存が最も惨めだと言及。

理系で偉業を成すが神学者としてデカルト批判

自然哲学、物理学、数学で才を発揮。液体力学の「パスカルの原理」、乗合馬車システムの発明等で知られる。早熟で、16歳で『円錐曲線試論』を書き、18歳の頃には機械式計算機を考案。39歳で病没した。

熱心なキリスト教神学者で、自著『パンセ』で「私はデカルトを許せない」と、彼の機械論的世界観を批判。デカルトが示す世界は、神が創造し、あとは物体の運動等で機械的に説明できるものである。パスカルは、理性による推論のために神を認めたその幾何学的精神を否定。神や複雑な事象を心情で感得する「繊細の精神」の必要性を説いた。

ブレーズ・パスカルと関係の深い哲学用語

▼考える葦

パスカルは人間をこう表現し、理性や知識に限界があるが自覚的であり、考えることで宇宙をも内包できる存在とした。人は、宇宙の中では細い葦のような無力な存在で、一匹のダニに比べれば巨大な存在である。このように人間を、無と全体の中間者であると捉えた。

▼繊細の精神

デカルトの演繹法は、端的には「盗みは悪だ→Aが盗みをはたらいた→ゆえに、Aは悪だ」と推論する方法である。だがAはある場面で優しいなど、別の側面ももつはずだ。パスカルは、複雑な事象を一挙に感得して判断するのも理性の一つだとし、その概念をこう表した。

バルフ・デ・スピノザ

BARUCH DE SPINOZA

人生も、心と身体の連動も
あらゆるものは神だと説いた

国	生没年
オランダ	1632～1677
著書	
『神学・政治論』 『エチカ』	

イラスト／シキユリ

すべては神すなわち自然により決定している

この世のすべては一つの神だという「神即自然」（神すなわち自然）の汎神論を展開。人間の行動・感情も神すなわち自然現象の一部で、必然的に決まっているものとした。

一元論的な汎神論を唱え幾何学的に論証した

ポルトガルからオランダへ亡命したユダヤ商人の家に誕生。ユダヤ教に反した思想をもち、20代のうちに破門される。以後はレンズ磨きで生計を立て、執筆生活を続けた。

スピノザは、精神と身体を別とするデカルトの二元論に疑問をもった。この論では〝悲しいと感じると涙が出る〟などの現象を説明できない。そこで、人間の心身も自然も、世のすべては一つの神であるとすると、この連動性にも矛盾がないと考えた。この汎神論体系を、大作『エチカ』で演繹的に論証。キリスト教からは無神論的と批判されたが、のちの哲学者らには強い影響を与えた。

バルフ・デ・スピノザと関係の深い哲学用語

汎神論

神と世界の存在を同一視する哲学観。スピノザは「神即自然」思想のもと、万物が唯一の実体である神のあらわれだと提唱。この実体＝神、自然を自己原因（何にも制約されない、自己存在の究極的な原因）とした。神とは宗教にみる人格的存在ではなく、宇宙全体の意。

永遠の相の下

スピノザは、人間に自由な意志はなく、行動や感情はすべて神の視点（永遠の相の下）で生じる自然現象の1コマであり、あらかじめ決定されているものとした。その中でも自分の役割が何かを思考し、自分（＝自然、神）を愛することに人の最高の幸福があると主張した。

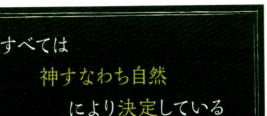

ジョン・ロック
JOHN LOCKE

自由主義の政治思想でも知られる
イギリス経験論の代表的哲学者

国	生没年
イギリス	1632～1704
著書	
『人間悟性論』 『統治二論』	

イラスト／唯奈

生まれたときの心は文字をまったく欠いた白紙である

生来の心は「タブラ・ラサ」(ラテン語で白紙状態の意)で、経験を書き込んで観念を得るものと表現。また観念が欲求・行動をよび、人はそれを自由に選択できるとした。

観念をもとに認識論を展開 革新的な社会契約説も提唱

医師でもあったロックは、デカルトら合理論者の生得観念を否定。人間は知識を生まれもたず、後天的な経験で得た観念(頭の中の意識)が知識になるのだと説いた。感覚で生じる「単純観念」(たとえば赤い、酸っぱい)、これらが結合した「複雑観念」(=りんご)があるとし、また物体の性質を一次・二次に分けて考察。認識論を体系化し、イギリス経験論を確立させた。

政治哲学でも活躍し、『統治二論』で啓蒙主義(理性の啓発、革命を促す思想)的な社会契約論を主張。名誉革命を正当化し、アメリカ、フランスの市民革命にも影響を与えた。

ジョン・ロックと関係の深い哲学用語

▼認識論(知識論)

認識の起源・方法などを研究する哲学の一部門で、おもに経験論と合理論が対立した。ロックは認識の対象となる物の性質を、形・広がりなど物そのものに備わる「一次性質」、色・香りなど五感で捉える(人の存在により成立する)「二次性質」に分けて考察した。

▼抵抗権・革命権

人民により信託された国家が不当に権力を行使した場合、人民が抵抗したり新国家を樹立する権利。ロックはこれと、独裁を避けるべく連合(外交)・立法・執行の権力分立を提唱した。抵抗権の考え方は、アメリカ独立戦争やフランス革命の理想的な支えとなった。

ゴットフリート・ライプニッツ

GOTTFRIED WILHELM LEIBNIZ

神のプログラミングと無数の霊的な力が世界を形成？

国	生没年
ドイツ	1646～1716
著書	
『形而上学叙説』 『モナドロジー』 『人間知性新論』	

イラスト／ミカミ

モナドは窓をもたない

モナドはそれぞれ独立し、情報交換しないことを表した言葉。あらゆる種類のモナドが集まり世界をつくっているが、プログラム通りに動くのみで、互いに影響し合わない。

有能な数学者が単子と神で多元論を展開

ニュートンと並ぶ微積分法の発明者であり、数学者、科学者、外交官と幅広く活躍。デカルト、スピノザらと同じく大陸合理論を代表する哲学者で、各人が二元論、一元論を説いたのに対し、ライプニッツは多元論を展開した。

もとは、デカルトの物体＝延長（空間の広がり）説に違和感を示し、物体は単なる計算量ではないのでは、と考えた。そして形而上学的な力の存在があるとし、世界は無数のモナド（単子）で構成されていると主張した。そしてなぜ別世界ではなくこの世界になったのかは、最善な調和関係が生じるよう神が定めたからだとした。

ゴットフリート・ライプニッツと関係の深い哲学用語

▼モナド

世界を構成する最小の単位。モナド論は、古代ギリシアから発生した原子論と似ているが、モナドは原子のような物質ではなく、形而上学的・霊的な存在でそれ以上分割できない、点である。人間・自然物など構成するものにより、記憶を持つものなど種類は様々だという。

▼予定調和

2つの時計が無関係に独立して存在するが、精巧に作られているため、指す時刻は一致している。このような比喩を用いて、心と体の相互関係なども説明し、世の事象のすべて（モナド）は神によりプログラミングされ、予定調和した最善なものになっている、と説いた。

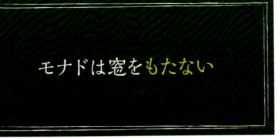

ジョージ・バークリ

GEORGE BERKELEY

世界のすべては人の心の中にあると知覚を根拠に説いた聖職者

国	生没年
イギリス	1685～1753
著書	
『人知原理論』 『視覚新論』	

イラスト／佐々子

存在するとは知覚されることである

バークリは、物は存在するから見えるのではなく、見えるから存在するという説を打ち立てた。人間にとって万物は心の中にあり外にはないという、バーチャルな考え方だ。

物は実在しない!? 心と神以外を否定した

アイルランドの国教会主教であったバークリは、ロックの経験論を継承しつつ、彼の性質分類を否定した。すべての事物は五感で捉えられる主観的な「二次性質」であり、客観的な「一次性質」などないという。ゆえに物質が外界に実在する確証はなく、すべては人の意識の中だけに存在するとした。

たとえば〝この部屋に机が存在する〟のは、自分がそこで机を知覚したからである。では誰もいなければ机は存在できないかといえば、聖職者であるバークリは、人知を超えた神が世界の裏にいて、常に知覚しているので机は存在できる、と説いた。

ジョージ・バークリと関係の深い哲学用語

▼知覚

感覚器官への刺激を通じ、事物や身体の状態を把握することが知覚である。バークリは、物（だと一般的に我々が思うもの）＝（知覚にともなう）観念だと主張した。そして人間の希望にかかわらず知覚や観念が起こるのは、全能の神がそれを創っているからとした。

▼観念論

物質より意識や精神に根源性があるとする哲学上の立場。意識を超えた事物の実在を認める実在論と対立関係にある。客観的・絶対的などカント以降のドイツ観念論で有名だが、バークリは主観的観念論（物の客観的存在を否定し、自分の意識のみ認める）の代表とされる。

デイヴィッド・ヒューム

DAVID HUME

自我すら存在しないとした
究極のイギリス経験論哲学者

国	生没年
イギリス	1711～1776

著書
『人間本性論』 『人間知性研究』

イラスト／葉山えいし

人の心は知覚の束にほかならない

人間には都度、知覚があり、その経験が高速で次の瞬間に影響している。さまざまな知覚が束になった瞬間のものが「我」であり、人間は実体を持っているわけではないとした。

すべての定説は思い込みで世には観念しかない

スコットランド出身で歴史家としても知られ、『英国史』で名を馳せた。ヒュームはまず、人間の知覚は「印象」（心に直接的に現れる感覚）と「観念」（記憶や想像による印象の反復）であるとした。そして、世にいわれている法則や外界の存在はすべて、観念の結合体にすぎないと説く。例えば「因果関係」は、原因と結果という観念が、経験で結び付いただけだという。

さらにヒュームは人間の心も疑い、心は経験から受け取る知覚の束であると主張。バークリは自分の観念以外の存在を否定したが、ヒュームは自我すら存在しないとしたのである。

デイヴィッド・ヒュームと関係の深い哲学用語

▼懐疑論

人間は普遍的な真理を認識できないとしてその認識力を疑い、一切の判断を留保する哲学的立場。ヒュームは、因果関係の否定などで、先人が定義してきた自然科学そのものを疑った。そして知覚しか認めず、自我を含むすべての存在を疑う懐疑論を展開したのである。

▼因果関係（因果律）

原因と結果からなる関係性。ヒュームによれば、二つの事象を何度か経験して観念が結合し、必然性があると誤解しているだけだという。つまり、ボールを「投げる」と「飛ぶ」のも習慣による思い込みで、次は投げても飛ばないかもしれない、という突飛な考え方である。

ジャン＝ジャック・ルソー

JEAN-JACQUES ROUSSEAU

フランス革命の先駆となった
自由と平等を掲げる啓蒙思想家

国	生没年
フランス	1712～1778
著書	
『人間不平等起源論』 『社会契約論』 『エミールまたは教育について』	

イラスト／猫屋くりこ

自然への回帰を目指し すべての人が 参加できる社会へ

性善説を信じるルソーは、公的権力のない社会の「自然状態」を理想とした。無秩序な状態に帰るのは難しくとも、人民主権の概念により平等な社会を目指すべきだと主張した。

人間は善であり、平等に保障されるべきである

10歳で孤児となり、徒弟生活ののち放浪。独学で法律などの教養を身に付け、作曲家としても活躍したルソーは、『社会契約論』を著した哲学者として知られる。

最初に社会契約説を唱えたホッブズは、公的支配のない「自然状態」では万人の闘争が起こるといったが、ルソーはこの自然状態こそ理想とした。もともと原初の人は善であり、だが文明の発展による私有地化などで、悪徳と不平等な社会が生まれたのだという。人間が本来もつ自由と平等の精神、人間の合意に基づく国家を目指し、社会契約説を提唱。この思想がフランス革命の大きな支柱となった。

ジャン＝ジャック・ルソーと関係の深い哲学用語

▼社会契約説

社会・国家は、平等な個人間の契約によって成立するという理論。これを唱えたホッブズは絶対王政を正当化し、ロックは抵抗と革命を促す展開をみせた。ルソーは、著書に基本的人権、主権在民などの思想を盛り込み、皆が一般意志を確認し合う社会契約の重要性を説いた。

▼一般意志

個人的利益のみを追求する意志の集合（全体意志）ではなく、共通の利益のために一体となった人民の意志のことをいう。ルソーの理想は、人民が主権をもち、その一般意志によって政治が行なわれる国家形成であり、この思想が近代の市民社会成立の原理となった。

イヌマエル・カント

IMMANUEL KANT

生活は時計よりも規則正しく
人間の理性と理想を追求

国	生没年
ドイツ	1724～1804
著書	
『純粋理性批判』 『実践理性批判』 『判断力批判』	

イラスト／トミダトモミ

自分の理性を使う勇気をもて！

成人なのに、内面は未成年のままで他人に頼ってばかりの人が多い。それは怠慢、臆病が原因。精神を鍛え自分の足で歩くことが啓蒙であるという主張。

人の理性の能力を追求した ドイツ観念論哲学の祖

馬具職人の四男として生まれ、地元のケーニスベルク大学に進学するが、貧しかったため、父親が亡くなると同時に退学。貴族の家庭教師をして生計を立て、苦労の末に31歳で母校の教壇に立つと46年間生真面目に勤務し、総長に就任する。規則正しい生活で知られ、一日一食の会食と同時刻の散歩を欠かさなかったため、街の人はカントを見て時計を合わせたという。

理性の能力は万能であるのかという問題を追求し、人間には「理論理性」と「実践理性」の2つの理性があると提唱。最終的には道徳世界の確立を目指した。

79歳で永眠。生涯独身を貫いた。

イヌマエル・カントと関係の深い哲学用語

コペルニクス的転回

例えばコップを見て、それをコップだと認識するのではなく、人はア・プリオリ（人間共通の経験や理解の仕方）な認識システムを用いて判断する。しかし、ア・プリオリには限界があり、理解できないものもあるという考え。コペルニクスの地動説になぞらえ命名。

道徳法則

人には道徳的な行いを善とする理性が先天的に備わっており「汝、（どんな状況でも）○○せよ！」という心の声に従うべきであるという考え。この声を「実践理性」と呼び、道徳法則に従った世界こそ、人間がめざすべき理想の世界であると主張した。

ジェレミー・ベンサム

JEREMY BENTHAM

正義感あふれる神童と称され
最期は人の幸福を祈りミイラに

国	生没年
イギリス	1748 ～ 1832

著書

『道徳および立法の原理序説』
『法一般について』
『立法論』

イラスト／シキユリ

自然は人類を快と苦という2つの主導権の支配の下においた

人間とは、「幸せ」だと感じる精神的快楽を求め、苦痛を避けようとする本能を持つことを前提とした、ベンサム哲学の基本原理を示す言葉。

快楽こそが「善」と説き死後も人の幸福を願った

ロンドンの裕福な家庭に生まれ、12歳でオックスフォード大学に入学。21歳で弁護士資格を得るが、強い正義感から法曹界を「誤魔化しの悪魔」だと嘆き悲しみ、著述家になる。人づきあいが苦手だったため結婚はせず、父が残した館で生涯、猫と共に暮らした。

人間とは、快楽を求め苦痛を避ける生き物と定義し、功利主義、最大多数の最大幸福を提唱。世の幸せを願い法理論の研究、監獄監視システムなどを考案した。死後も人の役に立ちたいと自らミイラになり、お気に入りの服を着てステッキ片手にロンドン大学に座り、今も学生たちを見守っている。

ジェレミー・ベンサムと関係の深い哲学用語

▼量的功利主義

人間の快楽に結び付く行為を「善」、苦痛をもたらす行為を「悪」と定義づけ、社会全体の快楽の増大、苦痛の減少を判断基準として、道徳や法律を整えるべきであるという考え方。善悪を客観的に捉えることができるため、倫理学や政治学に影響を与えた。

▼最大多数個人の最大幸福

1人1人の快楽を、強度、持続性、多産性、純粋性など7つの基準による「快楽計算」で採点し、その総合計が高い社会＝幸福な社会と認定。できるだけ多くの人が高い幸せを感じられることを目指して立法の基準とせよという考え。

ゲオルク・ヘーゲル

GEORG WILHELM FRIEDRICH HEGEL

人間の認識能力は
神の域に達すると説いた

国	生没年
ドイツ	1770 ～ 1831

著書
『精神現象学』 『論理学』 『法の哲学』

イラスト／唯奈

ミネルヴァのフクロウは夕暮れに旅立つ

『法の哲学』の序文より。ミネルヴァとは、ローマ神話の知性の女神で、フクロウは知恵の象徴。哲学は歴史に遅れて時代の意味を理解するという意味。

ナポレオンに感銘を受け近代哲学を完成させた

ヴュルテンベルク公国の財務省書記官の長男として誕生。信仰心の篤い母の影響もあり、大学は神学部に進むが、聖職者にはならずカント哲学に傾倒する。36歳の時、ナポレオンに街を占拠されてしまうが、馬上のナポレオンの姿に目を奪われる。「彼こそフランス革命の精神！」と感激し『精神現象学』の完成に至った。その後、『論理学』で名声を得るとベルリン大学教授に就任。絶対精神の存在と弁償法を説き、近代哲学の完成者として称賛を受けた。

享年61歳。死因はコレラ感染とみられ、亡くなる4日前まで講義を行っていた。突然の死だった。

ゲオルク・ヘーゲルと関係の深い哲学用語

▼弁証法

ひとつの事象が矛盾と対立しながら高められている宇宙の法則。例えば、ある意見があり、それと矛盾した意見が生じた時に、否定せずにいいところだけ取り込んでいくと高い次元の知識を得ることができ、やがて絶対的な心理＝絶対値に至るという考え。

▼絶対精神

カントが人の認識能力は完全な客観を知ることができないとしたのに対し、ヘーゲルは現実の中で教養を身に付けながら弁償法を繰り返せば、いずれどんな問題も解き明かせると主張。その完全な認識能力を得た状態を絶対精神と呼び、神にも匹敵すると説いた。

アルトゥール・ショーペンハウアー

ARTHUR SCHOPENHAUER

孤独と芸術を愛し
日陰に生きるネガティブ紳士

国	生没年
ドイツ	1788～1860

著書

『意思と表象としての世界』
『読書について』
『自殺について』

イラスト／rikko

読書は読み手の精神や気分に全くなじまない異質な思想を押し付ける

『読書について』の一文。読書と考えることは別物であり、学者でも考える脳みその持ち主はめったにいないという手厳しいお言葉。

世を嘆き親友は愛犬 文豪たちに愛された思想家

銀行家の父と女流作家の母を持つ超エリートにも関わらず、その一生は日陰に埋もれていた。ベルリン大学で教鞭をとるも、ヘーゲル人気の陰に隠れ、受講者が集まらず半年で辞職。結婚相手にも恵まれず、愛犬に「アトマ（世界精神）」と名付け、粗相をすると「お前も人間か！」と叱ったという。

主張もネクラ。物理的限界のある世界で生きる以上、欲望は永遠に満たされないと提唱。著書『自殺について』も有名だ。そんなネガティブな性格だが、芸術を愛する繊細な一面もあり、ニーチェを始め森鴎外や萩原朔太郎など日本の文豪にも多大な影響を与えた。

アルトゥール・ショーペンハウアーと関係の深い哲学用語

▼ペシミズム

世界は誰にも制御できない、ただ存在したいという「盲目的な生の意思」で成り立っているため、人は生きたいから生き、行動やそれによってもたらされる歴史の変化には別に意味はないと主張。人生は苦痛と説いたため、ペシミズム（厭世主義）と呼ばれた。

▼利他主義

利己主義の対義語。苦痛から抜け出すには、他者の意思を認証し、苦しんでいる人の苦痛に共感し、同情することで自分の苦痛が緩和されると考えた。他にも苦痛の緩和には、自らの生きようとする意思を否定し「禁欲」に徹する仏教的な思想も効果的とした。

ジョン・スチュアート・ミル

JOHN STUART MILL

人の心の清らかさを信じた
哲学界の清純系貴公子

国	生没年
イギリス	1806～1873
著書	
『自由論』 『功利主義論』	

イラスト／雨雫

満足した豚であるよりも
不満足な人間で
あるほうがよい

快楽の質にこだわったミル的功利主義論を象徴した言葉。「満足した愚か者であるよりも、不満足なソクラテスであるほうがよい」と続く。

父親仕込みの純粋培養 人間の崇高さを主張した

哲学者ジェームズ・ミルの長男。学校に通わせてもらえず、父親による英才教育で大きくなった温室育ち。3歳からギリシャ語、哲学はプラトン、ソクラテスを学び、10歳で経済学を学習。父がベンサムの親友であったため、16歳で功利主義協会を設立するほどのベンサム信者になる。ところが20歳になると「快楽は量ではなく質が大事」とベンサムに異論を唱え、4つの制裁に対しても「悪い事をして心が痛むことが制裁」と反論。人の崇高さを信じ、他人に迷惑をかけなければ何をしても良いという「自由論」を唱え、結果的に資本主義を発展させた。

ジョン・スチュアート・ミルと関係の深い哲学用語

質的功利主義

ベンサムが快楽の量を立法の基準にしたのに対し、ミルは人によって快楽の性質が違うことに注目し、質を重視した。また、肉体的より精神的快楽の方が上質と定義し、一部の哲学者に下品だと言われていた功利主義を、より理想的なものへと昇華させた。

自由論

各人がそれぞれに合った快楽を追求することで、多くの人が幸福になる社会を目指し「他者危害の原則」を提唱。人に迷惑をかけない限り、人は自由に快楽を追求してよいと考えた。宗教や倫理観に邪魔されず、個人的な利益を追求したい資本家に支持された。

セーレン・キルケゴール

SØREN AABYE KIERKEGAARD

出生の秘密を知って死を覚悟した
悩み多き孤高の人

国	生没年
デンマーク	1813～1855
著書	
『あれか、これか』 『死に至る病』	

イラスト／よるかげ

死に至る病とは絶望である

新約聖書『ヨハネによる福音書』にある「この病は死に至らず」を引用し、絶望を４つに分類した上で、絶望から脱却するための神の偉大さを説いた。

34歳で死ぬことを宣告され絶望の中、実存哲学の祖へ

コペンハーゲンの裕福な商家の7人兄弟の末っ子として生まれ、順風満帆の人生が待っているかと思いきや、父から「お前ら兄弟全員34歳で死ぬよ」と申告され、突如絶望の人生を強いられる。34歳死亡説の真相は、元メイドの母を父が強引に襲い妊娠させた罪と、幼い頃に神を呪った罰として子供は全員キリストと同じ年で死ぬという思い込み。しかし、奇しくも兄弟5人が早逝したため、襲い掛かる深い憂鬱に喘ぎ、宗教思想家となり哲学者となった。世が産業革命で浮足立つなか、必死に生きる意味を問い続けた答えが個の存在を尊重する「実存主義」である。

セーレン・キルケゴールと関係の深い哲学用語

▼実存主義

これまで哲学とは普遍的な真理の追求に終始していたが、そうではなく「あれか、これか」と、自分にとっての正解を追求し、現実的な視点で「自分にとっての真理であるような真理」を追究していく姿勢を指す。キルケゴール22歳にして到達した考えである。

▼例外者

ヘーゲルは普遍的な価値のためには、例外的価値が犠牲になるのはやむを得ないと説いた。これに対し、キルケゴールは普遍的な価値に含まれない例外者として存在することこそ本当の価値であり、信じるものの前ではたった一人で立つ単独者であると考えた。

カール・マルクス

KARL HEINRICH MARX

労働者の天国を夢見た正義感あふれる革命家

国	生没年
ドイツ	1818～1883
著書	
『経済学批判』 『経済学・哲学草稿』 『資本論』	

イラスト／唯奈

ヨーロッパにひとつの妖怪が徘徊している。共産主義という妖怪が。

1848年2月に発売された『共産党宣言』に書かれた一文。労働者が生き生きと暮らせる社会を目指して、これより支配階級に戦いを挑むことを宣言した。

労働者と資本家の格差を失くすため戦った正義の男

ユダヤ人の両親の元に誕生。父親は法律家だったため、ボン大学、ベルリン大学の法学部に進学するが、法律の勉強そっちのけで「青年ヘーゲル派」の同志たちと革命の夢をみる。25歳で4歳年上の男爵令嬢と結婚。パリに移住し、資本主義社会に対抗するために、30歳で『共産党宣言』を書き上げる。労働の美しさを唱え、資本家と労働者との格差をなくすべく、ヨーロッパ革命の獅子となり大活躍するが、31歳で故郷ドイツを追放されイギリスに亡命。晩年は大英博物館で経済学の勉強に没頭した。享年64歳。革命家として今も多くの労働者に影響を与えている。

カール・マルクスと関係の深い哲学用語

▼プロレタリアート

プロレタリアートとは労働者階級のこと。対義語はブルジョアジー（資本家階級）。自由な経済競争は、この2つの階級を生み出し、貧富の差を作ってしまうと警告。格差を解消するためには工場や設備などの生産手段を私有せずに公有化するべきと考えた。

▼疎外革命論

本体、労働とは自己形成やモノを通じて他の人々と繋がることであるはずなのに、資本主義社会では、こういう基本的な人間の本質が疎外されているという考え。働くことは単なる金を稼ぐ手段ではなく、人間らしさそのもの。だから資本主義を倒そうという主張。

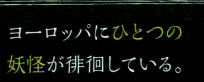

チャールズ・サンダース・パース

CHARLES SANDERS PEIRCE

奇跡の神童から極貧生活へ
劇的人生を歩んだ米国の偉人

国	生没年
アメリカ	1839 ～ 1914

著書
『概念を明晰にする方法』

イラスト／シキユリ

事実とは
客観的事態から
抽象された一要素である

プラグマティズムの創始者として知られるパースの言葉。数学者、科学者としての視点から、推論法を編み出した。

8歳で学者級の頭脳を発揮しかし晩年は極貧生活

アメリカの高名な数学教授のベンジャミン・パースの次男としてマサチューセッツ州ケンブリッジに生まれる。8歳で学者として認められた神童で、10歳で数学者に。ハーバード大で数学と物理学を学んだ後、ハーバード大学天文台で助手として働き、星の明るさの研究に勤しんだ。40歳でジョンズ・ホプキンス大学の論理学の講師に任命されるが、離婚にまつわるスキャンダルで解任に追い込まれて、ペンシルベニア州の田舎での極貧生活を強いられる。記号論を初め、アメリカの最も偉大な論理学者と数々の功績を残し74歳で他界した。

チャールズ・サンダース・パースと関係の深い哲学用語

▼プラグマティズム

ある物事の概念を知る方法は、その物事にどんなことをすれば、その結果どうなるかを理解すること。例えば硬いものはひっかいて傷ができるかどうか検証すればよい。つまり、知識とはその何かに対する結果予測であり、検証可能なものであるという考え。

▼アブダクション

ある現象を的確に説明できる仮説を形成するための推論法。古代の哲学者・アリストテレスの論理学を元に、帰納法、演繹法と並ぶ推論法として、新たな物事を知るための発見法のひとつとしてパースが提唱した。

ウィリアム・ジェイムズ

WILLIAM JAMES

夏目漱石にも影響を与えた
アメリカ史上初の心理学者

国	生没年
アメリカ	1842～1910

著書
『心理学』 『プラグマティズム』 『根本的経験論』

イラスト／猫屋くりこ

人間は幸せだから歌う
のではない
歌うから幸せになるのだ

まず行動することが心理的な感情に働きかけるという意味。米国史上初の心理学者でもあるウィリアム・ジェイムズが辿りついた真理。

「実際的な効果が出たら それは正しい」と説いた

ニューヨーク生まれ。裕福な神学者の長男として誕生し、大学に入学するまで優雅なヨーロッパ暮らしを満喫していた。ハーバード大学で医学博士号を取得。エリートコース一直線かと思いきや、18歳の時に画家を目指すも才能がないことに気づいて挫折した経験もあり、戦争に行くか行かないか迷っているうちに終戦を迎えてしまったことも、彼のその後の思想に影響を与えた。アメリカ初の心理学の実験所を設立。心理学、哲学、生理学の研究に勤しみ、「形而上クラブ」でパースの思想を継承。その堅実な思想は夏目漱石を初め、多くの作家に影響を与えている。

ウィリアム・ジェイムズと関係の深い哲学用語

▼実用主義

パースの理論であるプラグマティズムの発展形。パースが人と行動を結びつけたのに対し、ジェイムズは役に立つ知識に基づいて行動した結果が有用ならば真理であると導き出した。反形而上学的な哲学思想で、現代哲学の主流の一つ。

▼純粋経験論

純粋経験とは、反省や主観・客観などの二次元的区別がなされる前の直接的な経験。純粋経験論とは、実際に経験したことから哲学を構築する試みのこと。日本の哲学者・西田幾多郎に継承され『善の研究』として発表された。

フリードリヒ・ニーチェ

FRIEDRICH WILHELM NIETZSCHE

神をも恐れず主義を貫いた
孤独と悲劇に愛された天才

国	生没年
ドイツ	1844～1900
著書	
『悲劇の誕生』 『ツァラトゥストラはかく語りき』 『善悪の彼岸』	

イラスト／佐々子

神は死んだ

科学の発展、文明の成長が社会を豊かにすると信じられてきたが、幸せの実感を持てず人々は無気力に。その主犯格がキリスト教であるという主張。

芸術を愛する若き天才が友人をも罵る狂人に変貌

プロイセン王国ザクセンの裕福な牧師の元に誕生。4歳の時に父を事故で亡くし、幼くして多くの悲しみを知るが、真面目な子供に成長する。文才と音楽の才能を持ち、学生時代は詩や作曲を楽しむ若き天才として知られ、24歳にしてバーゼル大学の古典の教授に就任。作曲家のワーグナーとも交流を持っていたが、哲学的思想に傾倒していき、遂には信仰心さえ捨て、友人たちとも決別。キリスト教こそ、人々を無気力にした原因だと主張し、哲学者として注目を浴びる。しかし『悲劇の誕生』が学会の批判を浴び、体調を崩して発狂。55歳で孤独のうちに世を去った。

フリードリヒ・ニーチェと関係の深い哲学用語

▼ニヒリズム

虚無主義。それまで発展してきた文明の進歩は、人間を幸せにするどころか人間らしさを奪ってしまった。その犯人はキリスト教。キリスト教は歴史的に迫害を受け続けてきたユダヤ人発祥の宗教のため、弱者を美化し、生きる気力を失ってしまうという考え。

▼ルサンチマン

直訳すると「怨恨」。弱者がどうあがいても勝てない強者を恨み、「悪」と決めつけることで精神的優位に立とうとする考え。例えば、貧乏な人が「お金を稼ぐのは悪」と考え、「貧乏こそ善」と主張すること。ニーチェはこれを「奴隷道徳」とも表現した。

ジグムント・フロイト

SIGMUND FREUD

無意識の存在を発見した
精神分析の創始者

国	生没年
オーストリア	1856～1939

著書

『精神分析入門』
『夢判断』

イラスト／裕

夢には何らかの意味がある

夢の素材は意識的なものではなく無意識的なもの。このため、乱雑に見える夢であっても、そこには無意識に基づいた統合性があると考え、夢から深層心理を読み解こうとした。

神経症の原因は無意識の性的欲求

オーストリア・ウィーンを中心に活動した精神医学者で、精神分析の創始者。

頭に浮かんだことを自由に話させる「自由連想法」を用いて神経症（ノイローゼ）患者の治療を行った。この治療を通じ、フロイトは神経症の原因が「無意識のなかに抑圧された性的欲望」だと考えた。人間は社会的に許されない性的欲求を無意識のなかに抑圧するが、抑圧された衝動はコンプレックスとなり、神経症を引き起こしてしまう。このため、性的欲求を患者たちに自覚させ、意識的に制御させることで神経症を改善する精神分析学を提唱した。

ジグムント・フロイトと関係の深い哲学用語

▼無意識

自覚されていない心の奥底の部分で、フロイトによって発見された存在。それまでの哲学の常識では、人の意識は理性でコントロールできるとされていた。しかし、フロイトは人の行動の大部分は理性ではコントロールできない「無意識」に支配されていると考えた。

▼自我・超自我

フロイトは人の心を「無意識・自我・超自我」の三層構造で考えた。人の欲望は無意識からわきあがり、この欲望を抑えるのが社会的道徳によって生まれる超自我だという。自我は無意識と超自我のバランスをとる心で、調整に失敗すると自我が安定を失い、心身に影響をもたらす。

カール・グスタフ・ユング

CARL GUSTAV JUNG

師匠フロイトの思想に
異を唱えて決別

国	生没年
スイス	1875～1961
著書	
『心理学的類型』 『心理学と錬金術』	

イラスト／イノオカ

すべての人の心には「集合的無意識」が存在する

ユングは無意識について「個人的」と「集合的」の二種類の存在を説いた。個人の体験から生じる無意識だけでなく、人類共通の集合的無意識が遺伝的に伝えられると考えた。

性的以外の衝動も含めリビドーを再定義

スイスの心理学者・精神分析学者。フロイトを師事して精神分析学の発展に努めたが、のちにフロイトの「心のエネルギーのすべては性的衝動に還元する」という考えを否定し、師と袂を分かつこととなった。フロイトはリビドーを性的衝動として説いたが、ユングは性的なものに限定されず、さまざまな形として噴出する中立的エネルギーだと考えた。

代表的な思想・概念は「集合的無意識・個人的無意識」「元型」「コンプレックス」などで、これらをもとに人の心の全体像を解明しようとする分析心理学を確立している。

カール・グスタフ・ユングと関係の深い哲学用語

▼元型

すべての人の心の根底にある集合的無意識の普遍的なタイプのこと。心に潜むイメージは、時代や民族を越えて、全人類の神話・芸術・宗教・夢などに共通して表れる。ユングは元型として、人の心に住む異性の魂（アニマ・アニムス）や隠された自分の姿〝シャドウ〟を挙げた。

▼コンプレックス

不安や恐怖などの負の感情を伴う体験が、心の奥底に抑圧されて固定されたもの。劣等、学歴、人種など抑圧される苦悩によって多岐にわたる。ユング心理学（分析心理学）の基本となる概念で、言葉自体は存在していたが、ユングの再定義によって広く周知されることになった。

ジョン・デューイ

JOHN DEWEY

哲学派生の教育思想で
新たな学習理論を提唱

国	生没年
アメリカ	1859～1952

著書
『哲学の改造』 『民主主義と教育』

イラスト／シキユリ

教育とは過去の価値の伝達ではなく、未来の新しい価値の創造である

著書『民主主義と教育』にも記されたデューイの教育思想。民主主義の理想と制度が崩壊の危機に瀕するなか、新たな教育による人間変革で克服しようと説いた。

知識もまた道具なり教育界にも多大な影響

アメリカの哲学者・教育学者。当初はヘーゲルの影響を強く受けていたが、ジェイムズと交流を深めたことでプラグマティズムを支持するようになった。

デューイは根本思想として「道具主義」を掲げている。あらゆる知識・理論・概念・思想体系の価値は、ほかの道具と同様、それ自体にあるのではなく、実際に使用された際の結果の有用性にあると考えた。一方、教育者としてはアメリカ大学教授会の会長を務め、「創造的知性（実験的知性）」や「問題解決学習」などの学習思想・理論を提唱。教育界においても強い影響を与えた。

ジョン・デューイと関係の深い哲学用語

道具主義

知識・理論などは生活から離れた永遠不変のものではなく、生活過程での矛盾や困難を解決するための道具に過ぎない。このため、知識や理論は使用を通じて絶えず改善されるべき「仮説」と捉えられた。デューイのこの考え方は自身の教育思想にも色濃く反映されている。

問題解決学習

デューイが提唱した学習理論。彼にとって学習とは、知識の暗記や試験などの受動的なものではなく、学習者自身が自発的に問題を発見し解決していく能力を身につけるものである。問題解決のためには、解決の見通しを立て、未来の可能性を予見しながら行動することが重要。

年表＆思想分類
中世〜近世の哲学者

イギリス国教会設立▼

ルネサンス始まる▼

1550 1500 1300 1250 1200

アウレリウス・アウグスティヌス

P.26

354〜430

トマス・アクィナス

P.28

1225〜1274

スコラ哲学

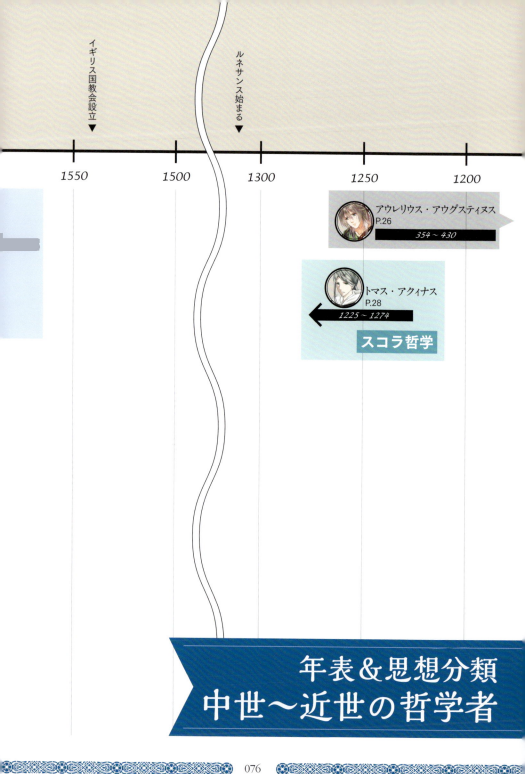

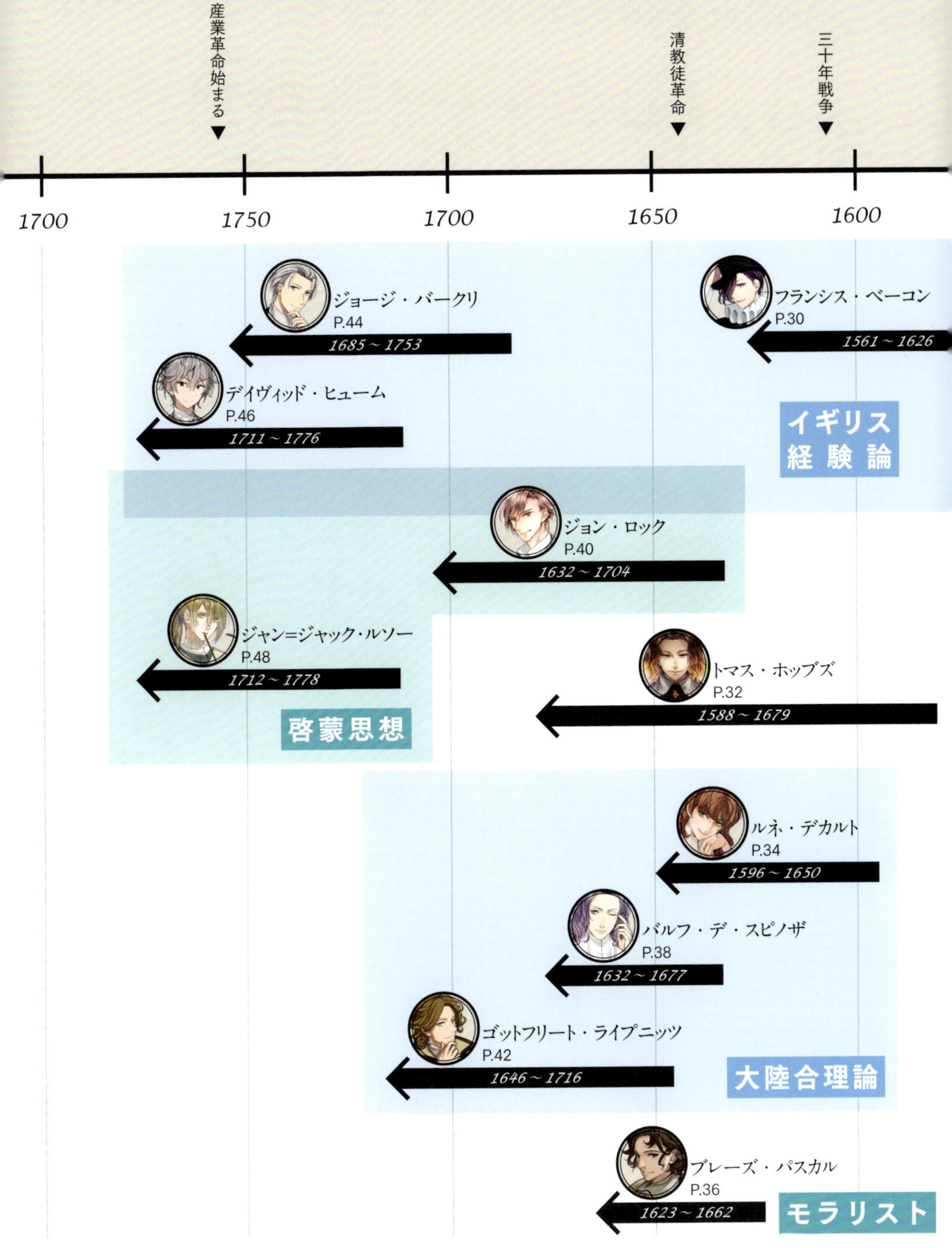
産業革命始まる
清教徒革命
三十年戦争
1700
1750
1700
1650
1600
ジョージ・バークリ
P.44
1685～1753
フランシス・ベーコン
P.30
1561～1626
デイヴィッド・ヒューム
P.46
1711～1776
イギリス経験論
ジョン・ロック
P.40
1632～1704
ジャン=ジャック・ルソー
P.48
1712～1778
トマス・ホッブズ
P.32
1588～1679
啓蒙思想
ルネ・デカルト
P.34
1596～1650
バルフ・デ・スピノザ
P.38
1632～1677
ゴットフリート・ライプニッツ
P.42
1646～1716
大陸合理論
ブレーズ・パスカル
P.36
1623～1662
モラリスト

年表&思想分類 近代の哲学者

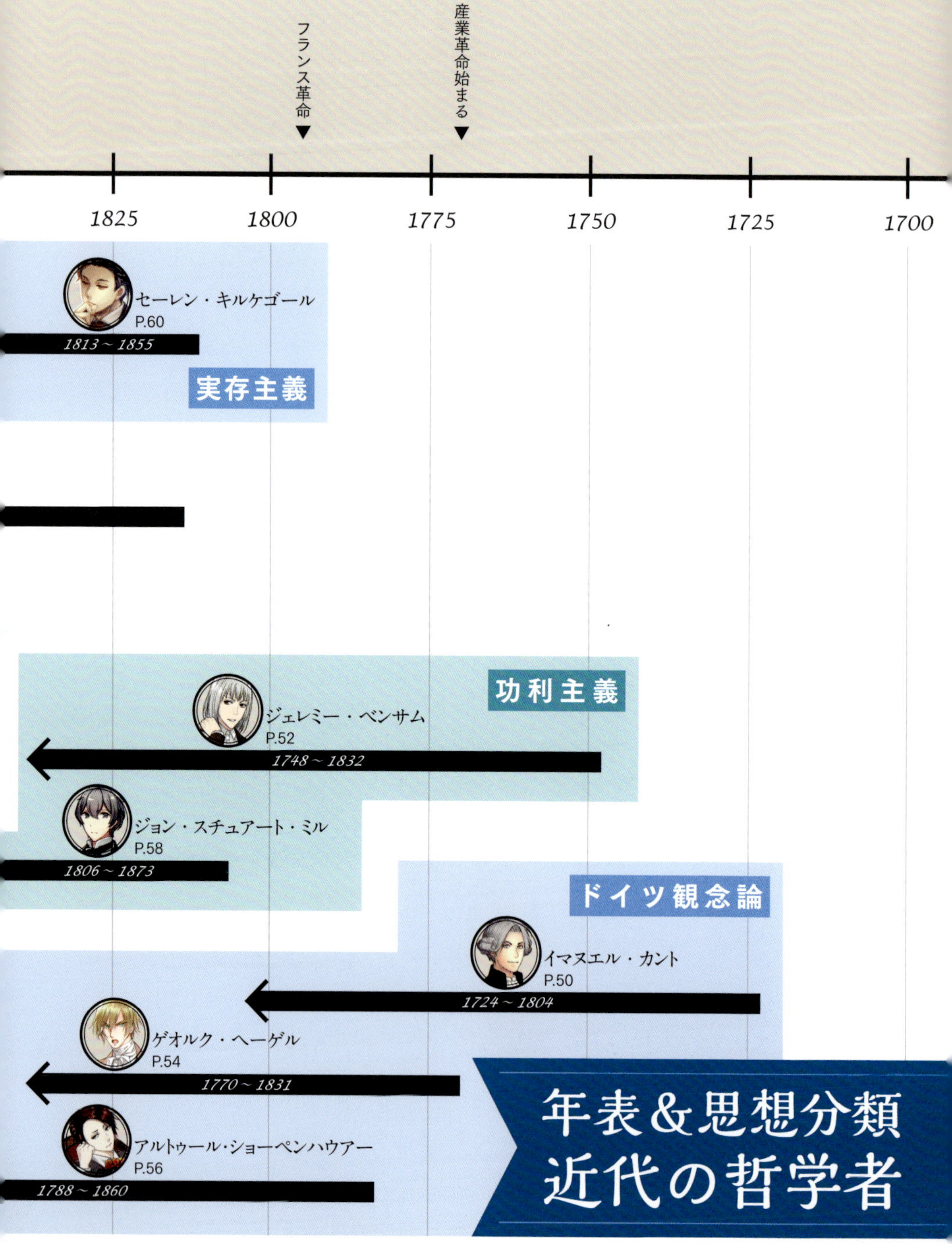

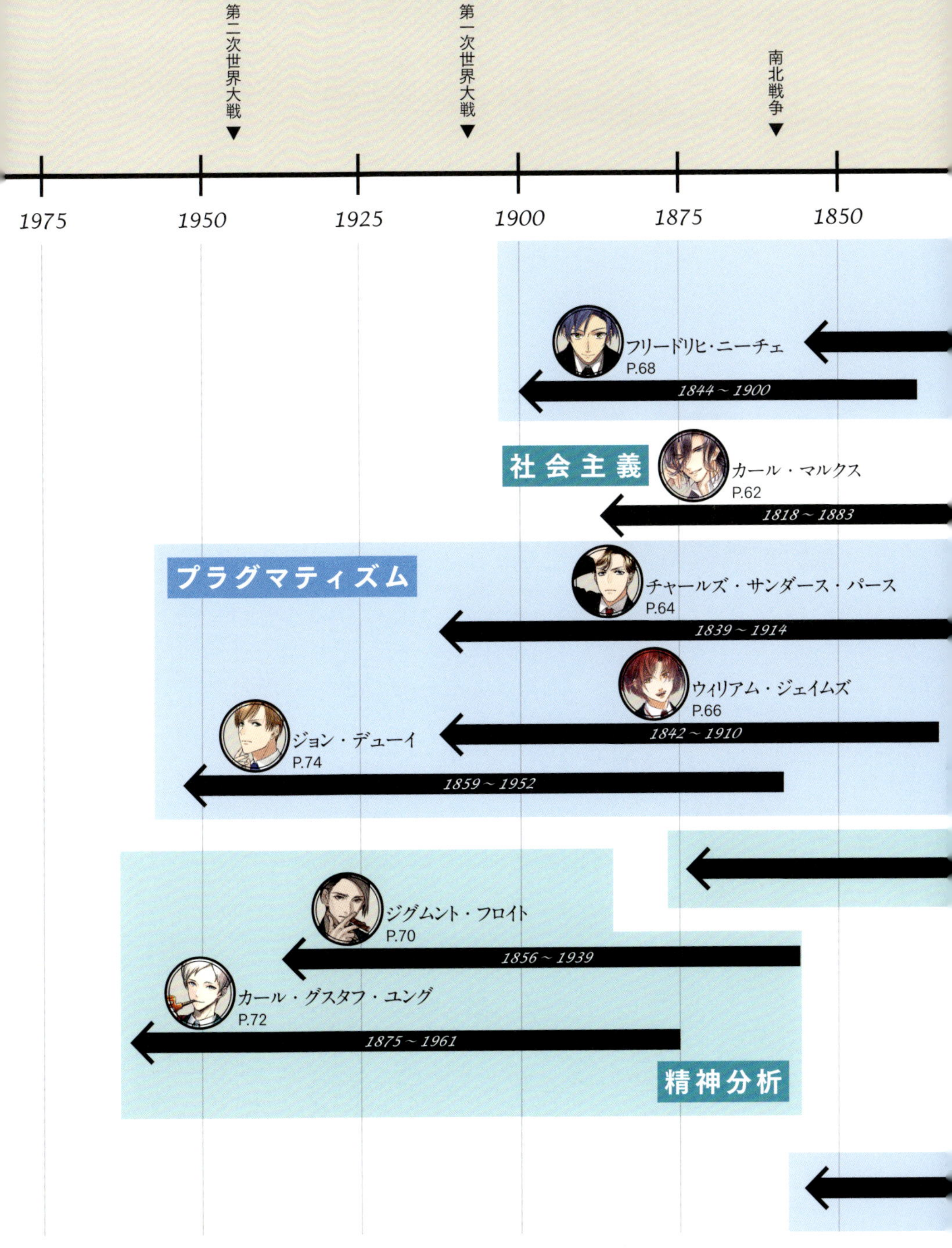
第二次世界大戦
第一次世界大戦
南北戦争
1975
1950
1925
1900
1875
1850
フリードリヒ・ニーチェ
P.68
1844～1900
社会主義
カール・マルクス
P.62
1818～1883
プラグマティズム
チャールズ・サンダース・パース
P.64
1839～1914
ウィリアム・ジェイムズ
P.66
1842～1910
ジョン・デューイ
P.74
1859～1952
ジグムント・フロイト
P.70
1856～1939
カール・グスタフ・ユング
P.72
1875～1961
精神分析

東洋の哲学者たち②

儒教は日常の作法や言動における規範を説いており、存在の問題を深く探求した釈迦の教えと比べてかなりわかりやすい。

「儒教」に「道《タオ》」。古代中国が生んだ4人の哲学者の思想とは？

古代中国からも優れた哲学者が生まれています。特に後世まで大きな影響を与えたのが、孔子、孟子、老子、荘子の4人です。

最も古い時期に活躍したのが、儒教の始祖である孔子。この儒教の教えの根幹となるのが、愛を表す「仁」と礼儀を表す「礼」です。

孔子の儒教を継承したのが孟子です。孟子は「仁」を発展させ、愛と正義を示す「仁義」を唱えました。

老子と荘子は「作為をせず、あるがままで生きる」のが大切だと説きました。これを老荘思想といいます。老子の思想の源は、「道」。「道」は万物のことであり、また、永遠に動き続ける混沌でもあります。これに従っていればよいという考え方です。

現代の哲学者

Edmund Husserl
Bertrand Arthur William Russell
Jean-Francois Lyotard
Ferdinand De Saussure
Martin Heidegger
Ludwig Wittgenstein
Rudolf Carnap
Simone de Beauvoir
Karl Raimund Popper
Jean-Paul Sartre
Emmanuel Lévinas
Maurice Merleau-Ponty
John Bordley Rawls
Thomas Samuel Kuhn
Michel Foucault
Jürgen Habermas
Jacques Derrida

エドムント・フッサール

EDMUND HUSSERL

なぜ人は世界の実在を確信するのか
解明しようと試みた

国	生没年
オーストリア	1859 ～ 1938
著書	
『イデーン』 『現象学の理念』	

イラスト／貓屋くりこ

事柄(事象)そのものへ

フッサールがモットーとした言葉。先入観を取り除き、あるがままの事柄・事象を探求しようという姿勢。このモットーをもとに、彼は新たな学問「現象学」を創設した。

判断中止することで純粋な内面意識に返る

オーストリアで生まれ、ドイツを拠点とした哲学者。ユダヤ人家庭に生まれたため、晩年はナチス政権下で迫害を受けた。彼が唱えた「現象学」は、主観的な意識に起こる体験を現象と捉え、その現象からどのような判断が下されるかを学問的に考え直そうというものだ。「身の回りに存在する事物は、本当に存在するのか。夢や幻覚ではないのか？」といった疑問に対し、ひとまず「エポケー（判断中止）」し、自我の内面意識に立ち返る。そして、実在するか幻覚かはさておき、人が「事物が存在すると確信していること」の根拠をつきとめようとした。

エドムント・フッサールと関係の深い哲学用語

▼エポケー

デカルトの方法的懐疑の応用で「判断中止」の意。具体的には「事物が実在する」と当たり前のように確信している判断を中止し、その判断は思い込みではないかと疑うこと。フッサールは人の判断（思い込み）が生じる根拠を、エポケーによってつきとめられると考えた。

▼自然的態度

「世界や事物はありのままに存在する」と、誰しもが素朴に信じている状態のこと。フッサールは人の内面的な純粋意識から世界が構成される仕組みを解明しようとしたが、その上で自然的態度を根源的なものと捉え、あらゆる理論に先立つ前提になると考えた。

バートランド・ラッセル

BERTRAND ARTHUR WILLIAM RUSSELL

平和と論理を愛した
恋多き伯爵

国	生没年
イギリス	1872～1970
著書	
『社会改造の諸原理』 『西洋哲学史』 『人類に未来はあるか』	

イラスト／シキユリ

愛情を受け取る人は、大まかに言えば、愛情を与える人である

著書『幸福論』に綴られた一節。幸福論は多くの人物によって論じられているが、なかでもラッセルの幸福論はヒルティ、シャルティエと並び「三大幸福論」に数えられる。

分析哲学の起源となった ラッセルの記号論理学

名門貴族ラッセル伯爵家に生まれ、ケンブリッジ大学で学ぶ。数学者、論理学者、哲学者として活動し、「記号論理学」によって論理学の基礎に大きく貢献している。なお、記号論理学はのちに「分析哲学」へと発展し、現代英米哲学の主流となった。

平和運動家としても有名で、第一次世界大戦に反対して投獄されたことも。また、第二次世界大戦後は物理学者のアインシュタインとともに核兵器禁止を訴え、多方面の平和運動に尽力した。しかし一方で、自由な道徳観から4度の結婚を経験するなど、自身の信念に忠実な生涯を送った。

バートランド・ラッセルと関係の深い哲学用語

▼記号論理学

概念や観念など個々の命題を組み合わせ、文章を記号化する方法。言葉を記号化し、数式のように扱うことで思考しやすくなる。記号論理学は19世紀後半頃にはすでに体系化されていたが、ラッセルとアルフレッド・ノース・ホワイトヘッドの共著『数学原理』で集大成となった。

▼分析哲学

日常会話や哲学における命題がどのような意味で語られているかを分析し、日常生活でその命題が持つ意味を明らかにしようとする考え方。ラッセルの記号論理学を学んだウィトゲンシュタインらによって広まり、科学哲学や日常言語派など、現代英米哲学の主流となっている。

ジャン＝フランソワ・リオタール

JEAN-FRANCOIS LYOTARD

多様な価値観を認める
ポストモダンの提唱者

国	生没年
フランス	1924～1998
著書	
『ポストモダンの条件』 『こどもたちに語るポストモダン』	

イラスト／ムラシゲ

「大きな物語」は終わった

ヘーゲルやマルクスなどの近代思想は人類全体の進歩について考えられたもの。リオタールはこれを「大きな物語」と呼び、そうした近代哲学は信用を失ったと説いた。

近代思想を放棄して新たな時代を呼んだ

フランス・ヴェルサイユ生まれの哲学者。マルクスやフロイト、現象学などを学び、なかでもマルクスに傾倒。急進的なマルクス主義者として活動を続けたが、1980年代に離脱して「ポストモダン」を唱えるようになった。

リオタールは世界全体を解釈する思想的な枠組みを「大きな物語」と呼び、そうした近代思想は二度の世界大戦やマルクス主義の失敗、西洋哲学中心主義への批判によって破綻したと提唱。これからの時代は、多種多様な価値観たる「小さな物語」こそがふさわしく、尊重すべきだと主著『ポストモダンの条件』で訴えた。

ジャン=フランソワ・リオタールと関係の深い哲学用語

▼ポストモダン

モダニズム（近代思想）から抜け出し、多様な思想・価値観を認め合い、共存の道を模索する時代のこと。具体的な思想というよりも、状況そのものを指す用語。もともと建築用語として生まれたが、リオタールによって哲学用語として広く知られるようになった。

▼小さな物語

「大きな物語」の対義語となる言葉。時代が進むなか、人それぞれの価値観を生きるべきだと考え、リオタールはこれを「小さな物語」と呼んだ。ポストモダン社会において、価値観は多様化が進むため、知識は情報交換としての価値を高めた結果、商品になりえる。

フェルディナンド・ソシュール

FERDINAND DE SAUSSURE

構造主義に影響を与えた
近代言語学の父

国	生没年
スイス	1857～1913
著書	
『一般言語学講義』 （※弟子がまとめたソシュールの講義本）	

イラスト／佐々子

言語とは差異のシステムである

この差異は「区別」と言い換えることができる。ソシュールは命名を「何かを認識するため」ではなく「ほかのものと区別するため」と捉え、既存のラベル的な言語観を覆した。

まず言語が先にあり世界はそのあとにある

スイスの言語学者、言語哲学者。ソシュール家はこれまで多くの学者を輩出してきた名家で、彼もまた10代の頃から言語学の分野で非凡な才能を発揮し「近代言語学の父」と称された。

ソシュールは構造主義的な理論で言語学を考察し「この世界は、人が言語によって区切ることにより、ひとつひとつの要素が存在する」と考えた。この思想は現代思想における構造主義にも多大な影響を与えている。ソシュール自身は著書を一冊も出版していないが、彼の死後、弟子たちによって講義内容をまとめた『一般言語学講義』が出版されている。

フェルディナンド・ソシュールと関係の深い哲学用語

▼ラングとパロール

ソシュールは言語をラングとパロールのふたつに分けて考察している。ラングとは言語の規則や文法、言語体系のことで、パロールとは個々の具体的な発話行為（会話）のこと。ラングはパロールに先立って存在することから、ソシュールはラングの分析に重点を置いた。

▼シニフィアンとシニフィエ

シニフィアンは文字や音声のことで、シニフィエは文字や音声から得るイメージのこと。両者の結びつきには必然性がなく、ソシュールはこれを「言語の恣意性」と呼んだ。なお、思考は言語によって決定されるため、言語が異なれば思考も異なると考えられる。

マルティン・ハイデガー

MARTIN HEIDEGGER

「存在」について哲学し
「死」を分析した

国	生没年
ドイツ	1889～1976

著書

『存在と時間』
『ヒューマニズムについて』

イラスト／白鴉

人間は存在の牧人
人間は存在の隣人

ハイデガーによれば、人は万物の存在が明らかになる場に立っていて、存在の真理を見守る使命を持っているという。このため、彼は人を存在の「牧人」や「隣人」と呼んだ。

人は存在という概念を理解できる唯一の存在

しばしば「20世紀最大の哲学者」と称されるひとり。フッサールの現象学を学ぶなかで「存在」に注目し、存在に関心を持つ人間の実存を分析する「存在論」を展開した。ハイデガーは人を「現存在（ダー・ザイン）」と名付け、「存在」という概念を理解できる唯一の存在とし、その上で改めて「存在」の意味を取り出そうと試みた。ただし、主著『存在と時間』は上巻のみの刊行で未完に終わったため、肝心の「存在の謎」は明らかになっていない。だが、同著における人の定義や死の捉え方は評価されており、存在哲学ではなく人間哲学として人気が高い。

マルティン・ハイデガーと関係の深い哲学用語

▼ダス・マン

ドイツ語で「人」を意味する。ハイデガーは現存在たる人の在り方を本来性と非本来性の2種類に分けた。本来性はいつか訪れる死を自覚している在り方で、非本来性は日常生活に埋没した在り方だという。彼は非本来性の人々を「誰でもない人」として「ダス・マン」と呼んだ。

▼死への存在

「死に臨む存在」とも訳され、死の可能性と向き合いながら本来の自己に目覚めて存在すること。死は誰とも代わることができず、一回限りのものである。ハイデガーは「死への存在」を「実存」と捉え、死の事実を直視することで真の自己実存を確立できると考えた。

ルートヴィヒ・ウィトゲンシュタイン

LUDWIG WITTGENSTEIN

言語を分析することで
世界を理解しようと試みた

国	生没年
オーストリア	1889～1951
著書	
『論理哲学論考』	

イラスト／唯奈

語りえぬものについては、沈黙せねばならない

前期の彼は「言葉と現実の事象は正しい対応関係を持つ」と説いた。神や道徳は現実の事象と対応しないものであり、これについて語るのは矛盾として従来の哲学を批判した。

哲学の問題は解決したと一度は哲学から離れる

オーストリアで生まれ、ベルリンで航空工学を学ぶ。航空工学に欠かせない数学の知識を求めてラッセルの著書『数学原論』に出会い、のちにケンブリッジ大学でラッセルに師事するようになった。

前期の主著『論理哲学論考』は言葉の論理を分析した内容となっている。同書により「哲学の問題はすべて解決した」として、一度は哲学から身を引くが、のちにケンブリッジ大学に戻って再び哲学を学んだ。研究再開後、ゲームをモデルに日常言語を分析する「言語ゲーム」の概念を唱え、言語は論理によってではなく、日常生活を基盤にして成り立つと考えた。

ルートヴィヒ・ウィトゲンシュタインと関係の深い哲学用語

▼写像理論

言語は世界を写し取ったものであるという考え方。ウィトゲンシュタインは「現実世界は事実の集まり」とした上で「言語は事実を写し取った科学的な文」と捉えた。事実と科学的な文は1対1で対応し、事実の対応から外れた文は正しい言語の用法ではないと説いた。

▼言語ゲーム

日常言語は時と場合によって複数の意味を持つ。このルールを知らないと日常言語を扱うことはできず、こうした会話の特性を言語ゲームと呼んだ。後年の彼は「科学的言語は日常会話によって体系化される」とし、世界を理解するために日常言語を分析する必要性を説いた。

ルドルフ・カルナップ

RUDOLF CARNAP

科学的事実を重視した
論理実証主義の代表的存在

国	生没年
ドイツ	1891～1970
著書	
『哲学と論理証的構文論』 『意味と必然性』	

イラスト／rikko

「世界の原理は水だ」という言明は何ごとも語っていない

論理実証主義にもとづき、カルナップは経験によって検証できない命題は無意味だと考えた。非科学的な論理は無用な知識と位置づけ、科学的事実のみを正しい知識を重視した。

ウィーン学団の一員としてアメリカ哲学にも影響

ドイツ生まれの哲学者。フライブルク大学進学後、物理、数学、哲学を学ぶ。なかでも物理学に関心を示したが、第一次世界大戦によって中断を余儀なくされた。

１９２６年にウィーン大学の私講師となり、数年後に「論理実証主義」を掲げるウィーン学団に加入。論理実証主義の視点から物理学の研究を続けた。

ナチスが台頭すると、ウィーン学団のメンバーは迫害を逃れて散り散りになり、カルナップもアメリカへ亡命した。シカゴ大学やカリフォルニア大学で教鞭を執り、アメリカ哲学に少なからず影響を与えている。

ルドルフ・カルナップと関係の深い哲学用語

▼論理実証主義

ウィーン学団によって提唱された思想、運動。ラッセルやウィトゲンシュタインの影響を受けたとされる。観察や実験などで検証できる論理を科学的（正しい知識）とし、伝統哲学や社会科学など検証できない論理を非科学的（無用な知識）とする統一規格を目指した。

▼ウィーン学団

１９２０年代末期、ウィーン大学の哲学者や科学者を中心に結成されたグループ。自然科学が発達するなか、根拠が不確かな論理も科学として扱われていたことに危機感を抱き、論理実証主義を提唱。哲学の役割は世界を言葉で説明することではなく、言葉そのものの分析だと説いた。

シモーヌ・ド・ボーヴォワール

SIMONE DE BEAUVOIR

女性の自由を求め続けた
先駆的フェミニスト

国	生没年
フランス	1908～1986
著書	
『第二の性』 『老い』	

イラスト／ミカミ

人は女に生まれるのではない、女になるのだ

ボーヴォワールは、「女らしさ」が生まれつきのものではなく、社会に押しつけられたものとした。この「女らしさ」からの解放はフェミニズム運動に大きな影響を与えた。

サルトルとボーヴォワール 世紀の実存主義者カップル

才女の誉れ高かったボーヴォワールは、大学時代にサルトルと出会い、やがてパートナーとなる契約を結ぶ。それは、婚姻関係を維持しながらお互いの自由恋愛を認めるという独特の契約だった。

　女性差別と闘うフェミニスト・ボーヴォワールにとって、この〝結婚〟は旧態依然とした男女関係を打ち破るものだった。その後、サルトルが世界的な知識人として時代の寵児となり、ボーヴォワールが先駆的なフェミニストとして、小説家・思想家として八面六臂の活躍するなかで、サルトルの死まで50年以上にわたり、このパートナー契約は維持された。

シモーヌ・ド・ボーヴォワールと関係の深い哲学用語

▼第二の性

「man」に「wo」を付けたのが「woman」であるように、社会のなかでは、まず「男性」が標準としてあり、「女性」は常に男性に準じる副次的な「性」として扱われてきた。そのことを、「女性」とは「第二の性」であるとして、ボーヴォワールは批判した。

▼構築主義

ものごとに内在的な本質があるのではなく、それらは社会的に作られたものだとする考え。さまざまな分野で主流となっている構築主義の考えは、フェミニズム運動でも、今日、広く展開している。ボーヴォワールの思想は、フェミニズムにおける構築主義の先駆けであった。

カール・ポパー

KARL RAIMUND POPPER

科学と非科学に線を引く
反証主義の提唱者

国	生没年
オーストリア	1902～1994
著書	
『科学的発見の論理』 『開かれた社会とその敵』 『歴史主義の貧困』	

イラスト／葉山えいし

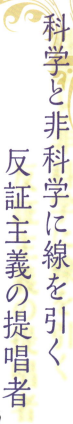

帰納法は存在しない

実験や観察から法則を導く帰納法。だが、例えば千個柿を食べ「柿は甘い」と主張しても、千個がたまたま甘かっただけ。ポパーはこのような帰納法を科学と認めなかった。

科学から政治へ 果てしなき探求の実践

ウィーンのユダヤ人家庭に生まれたポパーは、同時代の思潮としてマルクス主義やフロイト精神分析に交わるとともに、アインシュタインの相対性理論にも触れる。一般相対性理論に基づく予測が当たり、一般相対性理論の正しさが示されたのがこの頃だった。「予測が外れれば理論は放棄する」というアインシュタインの姿勢は、後の反証可能性というポパーの考えに強く影響を与えた。

やがて理科教師、研究者として反証主義に考え方を発展させていくが、ドイツでのナチス台頭を受け、全体主義批判という政治哲学へとその思索をスライドさせる。

カール・ポパーと関係の深い哲学用語

▼反証可能性

科学と非科学の違いを、ポパーは「その真実が反証できるか」にあるとした。科学的な真実とは常に暫定的な仮説で、それが真実ではないと証明されれば、すぐに真実の座から落ちる。いま真実とされているものに対する反証がないか探求することこそ科学だと、ポパーは考えた。

▼開かれた社会

伝統によって固定的に縛られた社会ではなく、自由に伝統を批評し吟味することができる社会を、開かれた社会と呼ぶ。もともとフランスの哲学者ベルクソンによって提唱された「開かれた社会」を、ポパーは第二次世界大戦中という状況下で、目指すべき社会として世に訴えた。

ジャン＝ポール・サルトル

JEAN-PAUL SARTRE

実存主義を代表する
行動する知識人

国	生没年
フランス	1905～1980
著書	
『存在と無』 『実存主義とはなにか』 『嘔吐』	

イラスト／シキユリ

実存は本質に先立つ

人間は何者であるかという本質の前に、まず何物でもない存在（実存）としてある。まず実存があり、そこからどう行動するかによって自分が何者であるかが決まっていくのだ。

世界がサルトルに注目し、熱狂した

哲学者であり作家でもあったサルトルは、まず何より同時代の若者たちから熱狂的な支持を受けた20世紀最大の「知識人」として記憶されている。人間の自由を主張し、世界を変革する行動へと人を促す思想として、サルトルの実存主義は支持を受けたのだ。

彼自身もまた、第二次世界大戦後の世界にあって、国際政治に対して発言と行動を続けた。米ソ対立の中でソ連を支持し、母国フランスの植民地主義的政策を批判し、ノーベル文学賞受賞を拒否するサルトルの姿は、常に世界的な注目を集め、１９８０年に没するまで常に行動する知識人であった。

ジャン＝ポール・サルトルと関係の深い哲学用語

▼実存主義

一般的な真理ではなく、実際に今ある「この私」を考え、「この私」にとっての真理を探る思想を実存主義と呼ぶ。パスカル、キルケゴール、ハイデガーなどさまざまな哲学者に実存主義的思索が見られる。サルトルはこの実存主義を社会変革と個人の自由のための思想にした。

▼アンガージュマン

状況に対して自ら社会に参加して生きる、自由な主体のあり方をアンガージュマンと呼ぶ。とくに文学者や芸術家などが政治・社会運動に身を投じ、自らの意志で歴史を作っていくことを肯定するのがアンガージュマンであり、文学者サルトルも政治参加していくことになる。

エマニュエル・レヴィナス

EMMANUEL LÉVINAS

現象学やユダヤ思想から20世紀の倫理を考える

国	生没年
フランス	1906～1995
著書	
『全体性と無限』 『存在の彼方へ』 『実存から実存者へ』	

イラスト／裕

顔の前に立つこと

人間は「私」ありきではない。まず他者の「顔」と向き合うことで、他人からの問いかけや訴えを受けとる。それに対して答えていくことが「私」を作りだしていくのだ。

ナチスドイツを生きのびて人生の意味を問う

レヴィナスは、ドイツでフッサールやハイデガーに学び、フランスにおける現象学や実存主義の先鞭となる。同時に、ユダヤ人であったレヴィナスは、ユダヤ思想にも大きな影響を受けて独自の倫理思想を展開した。20世紀の大半を生きたレヴィナスは、ナチスドイツによって親族の大半を虐殺され、本人も捕虜となっている。この経験から、レヴィナスは「私」から始まる思想を全体主義に繋がるものとして退け、「他者」から始まり他者のために生きる思想を探り続けた。他者と向き合う対面をスタートに、人間が生きることの意味と目的を探ったのだ。

エマニュエル・レヴィナスと関係の深い哲学用語

全体性

すべてを統一的に説明しようとする西欧哲学を、レヴィナスは「全体性」と読んで否定した。それは「私」が世界のすべてを説明し、支配できるという全体主義につながるものだからだ。「全体性」に対し、それには絶対に回収されない「無限」があると、レヴィナスは述べた。

渇望

人は、自分が完全でありたいと願っても、そもそも何が完全なのか知ることすらできない。完全を「渇望」することしかできないのだ。しかし、だからこそ人は「渇望」することによって、自分が完全な人間ではないことを知り、自己満足を抜け出ることができる。

モーリス・メルロ＝ポンティ

MAURICE MERLEAU-PONTY

世界と精神をつなぐ「身体」の哲学者

国	生没年
フランス	1908～1961

著書

『眼と精神』
『知覚の現象学』
『意味と無意味』

イラスト／雨雫

私の身体は見ている自分を見、触っている自分に触る

私はこの身体（目）で物を見るが、そんな身体は誰かに、そして私自身に見える物である。この様に２つの方向が交差する身体という場を、メルロ＝ポンティ哲学は考え続ける。

実存主義と構造主義のミッシングリンク

メルロ＝ポンティはフランス高等師範学校でサルトルと出会う。近い年代にはボーヴォワール、バタイユ、ブランショ、レヴィナスなど綺羅星のごとく哲学者がそろった「輝ける世代」といわれる。そんななか、メルロ＝ポンティは、アカデミズムに属しながらも、実存主義思想を深めていく。だが、第二次世界大戦後、朝鮮戦争に対する政治的見解の相違からサルトルと決別。独自の身体論を深めていく。彼は、処女作『行動の構造』から最後の著書『見えるものと見えないもの』まで、一貫して身体にこだわり、徹底的に身体を試作し続けた哲学者だった。

モーリス・メルロ＝ポンティと関係の深い哲学用語

▼世界内存在

人間という存在は、世界の中にある。しかも、ただ空間の中にポツンと置かれているのではなく、すべてが繋がった連関の中にある。そんなあり方を指すハイデガーの「世界内存在」という概念をメルロ＝ポンティは受け継ぎ、感覚による世界と人間の相互の結びつきを分析した。

▼間身体性

私（主）が他者（客）を他者としてどう受け容れるかという「間主観性」の問題を、メルロ＝ポンティは発達心理学の成果にも影響を受けながら、逆転させた。まず主も客もない状態があり、やがて「私」が切り離されていく。主客が分離する以前に「間身体性」があるのだ。

ジョン・ロールズ

JOHN BORDLEY RAWLS

社会正義の意義を問い直したリベラリスト

国	生没年
アメリカ	1921～2002

著書
『正義論』 『公正としての正義』

イラスト／流離薄

正義の概念は、人間の相互尊重を表している

ロールズは「正義の２つの原理」を提唱し、正義によって個人の自由が守られながら誰もが社会から脱落せず、個の尊厳と相互の尊重が両立する社会が可能になると考えた。

リベラルによるアメリカのアイデンティティ再構築

ロールズは第二次大戦の兵役を経て倫理学の研究に向かう。そこでロールズは「善」「正義」「徳」などの倫理学の課題について、それが何であるかという内実を問うのではなく、それがどのように運用されているかを分析する当時の倫理学の風潮に不満を抱く。ロールズは正義を「公正さ」として捉え直すことで、もう一度、正義を実質のあるものにしようとした。その背景には、公民権運動や女性解放運動などが混迷し、リベラルの理想が見失われた当時のアメリカの状況がある。ロールズはアメリカ社会のアイデンティティを再構築しようとしたのだ。

ジョン・ロールズと関係の深い哲学用語

▼無知のヴェール

何が社会的な正義かを考えるとき、人は自分の地位や財産、家族、出身といった個人的な状況は知らないものとして、個人的な利益には基づかない判断をしなければならないとロールズは考えた。社会的な問題を考え、正しい判断をするための方法が「無知のヴェール」なのだ。

▼市民的不服従

普遍的な人権思想などに反する法律や行政処分に対して、市民が非暴力的な方法で対抗すること。黒人公民権運動やベトナム反戦運動などで見られたような市民的不服従に対して、ロールズは法理論の観点から、一定の条件の下で正当化できるものだと主張した。

トマス・クーン

THOMAS SAMUEL KUHN

パラダイム理論で科学史に
衝撃を与えた科学哲学者

国	生没年
アメリカ	1922～1996

著書

『科学革命の構造』
『コペルニクス革命』
『科学革命における本質的緊張』

イラスト／ミカミ

科学者は世の中への基本的な見方を共有している

例えば天動説の時代には、科学者は天動説を暗黙の前提にして、様々な観察結果の吟味をした。このように、その時代に支配的なもの見方・考え方があるとクーンは主張した。

ポパーらと論争を繰り広げた新科学哲学の旗手

第二次世界大戦従軍後、物理学の大学院生として大学に戻ったクーンだったが、従軍時の興味にしたがって哲学へと専攻を移していく。やがてアリストテレス物理学と現代物理学の異質性への気づきから、哲学でもとりわけ科学哲学、科学史へと研究をすすめていくことになる。１９６２年には『科学革命の構造』を発表し、「科学は累積的に進歩するのではなく断続的に大きな変化が生じる」という新しい科学史の見方を提示する。

これは、ポパーらそれまでの科学哲学者たちとの大きな論争を呼ぶとともに、新しい科学哲学の潮流を生み出していくことになる。

トマス・クーンと関係の深い哲学用語

▼パラダイム

科学の歴史は、観察や実験の積み重ねによって徐々に真実に近づいてきた連続だという考え方に対して、クーンは断続的な変化によって真実が大きく変わってきたのが科学の歴史だと考えた。地動説から天動説への逆転のように、大変化を生むこの転換をパラダイムシフトと呼ぶ。

▼科学者集団

クーンは単に科学を愛好探求するのではなく、科学の共通の専門教育を受けた専門家集団を「科学者集団」とし、この科学者集団がどのような性質の集団であるかを探った。クーンによれば、それぞれの分野の科学者集団に、その専門性を守る共通の基礎が存在するという。

ミシェル・フーコー

MICHEL FOUCAULT

独自の権力論で、人文科学を
超えた足跡を残す巨人

国	生没年
フランス	1926 ～ 1984

著書
『言葉と物』 『狂気の歴史』 『監獄の誕生』

イラスト／佐々子

人間は波打ち際の砂の表情のように消滅するであろう

私たちが当たり前のものだと考える「人間」という概念も、ある特定の時代に生まれたものであり、時代が変われば、やがて「人間」という概念も終わるとフーコーは予言した。

近代の構造を明るみにし ミクロな権力を暴き出す

1966年刊行『言葉と物』がフランスで異例のベストセラーとなり、一躍注目される。それは実存主義に批判的な構造主義の流行を背景としたものだった。だが、知や狂気といったものの構造を問うだけではなく、それを駆動するミクロな権力までを分析するフーコーの思想自体は、構造主義にとどまるものではない。また、分析だけでなく反体制運動や人権活動の現場に身を投じ続けた。やがて同性愛者であったフーコーは、性の歴史を古代まで遡ることで現代の性規範を相対化する『性の歴史』の著述を構想するが、道半ば1984年にエイズで死去する。

ミシェル・フーコーと関係の深い哲学用語

▼パノプティコン

囚人を監視する刑務所の一望監視装置（パノプティコン）は、囚人から監視人が見えず、監視人がいるのかも囚人からはわからない。すると監視人が不在でも囚人は監視されているかのように行動する。フーコーは、この自分で自分を監視する人間のあり方を、近代の特徴とした。

▼生政治

フーコーは、近代社会が暴力や法制度など外的な力による支配だけではなく、個人ひとりひとりの健康や性に介入する支配になっていることを指摘し、これを生政治と呼んだ。これは、「殺すぞ」と死で脅す権力ではなく、管理して生かす権力による社会である。

ユルゲン・ハーバーマス

JÜRGEN HABERMAS

コミュニケーションに賭ける
フランクフルト学派第2世代の叡智

国	生没年
ドイツ	1929～

著書

『公共性の構造転換』
『コミュニケイション的行為の理論』
『近代の哲学的ディスクルス』

イラスト／唯奈

今日、公共世界の崩壊傾向は、まぎれもなく現れている

ハーバーマスの思想の出発点にあるのは、社会の公共的な枠組みの崩壊に対する危機感である。その再構築への鍵を理性の対話に求め、彼はコミュニケーション研究へと進む。

対話による公共性を求めて対話を続ける

アドルノの下で学び、フランクフルト学派の第2世代と目されるハーバーマスの歩みは論争に満ちていた。フランクフルト第1世代の批判理論に対する批判的継承。ルーマンらのシステム論との対決。デリダやリオタールらのポストモダン思想との対決。さまざまな論争のなかで自身の思想を展開してきたハーバーマスの思想の原点は、後期資本主義社会と呼ばれる近代が行き着いた果てで、人間の理性が危機を迎えるなか、どのようにもう一度理性を復権させ、理性の合意に基づく社会を築くかという構想であった。まさに対話の哲学者・社会学者だと言える。

ユルゲン・ハーバーマスと関係の深い哲学用語

フランクフルト学派

マルクス主義やフロイト精神分析の影響を独自に受けた社会研究グループ。1930年代、ホルクハイマーの指導のもとフランクフルト大学社会研究所がスタート。第1世代にはアドルノ、フロム、ベンヤミンなどがおり、ハーバーマスはアドルノの下で学んだ第2世代にあたる。

対話的理性

人間の理性を他人や自然を合理的に支配し、操作するための能力である「道具的理性」と捉えることにハーバーマスは反対した。支配や強制のない対話関係の延長線上に、社会的な合意を形成していくような理性として、ハーバーマスは「対話的理性」を唱えた。

ジャック・デリダ

JACQUES DERRIDA

ポストモダン哲学を代表する
脱構築の哲学者

国	生没年
フランス	1930～2004
著書	
『グラマトロジーについて』 『エクリチュールと差異』 『声と現象』	

イラスト／シキユリ

脱構築は正義である

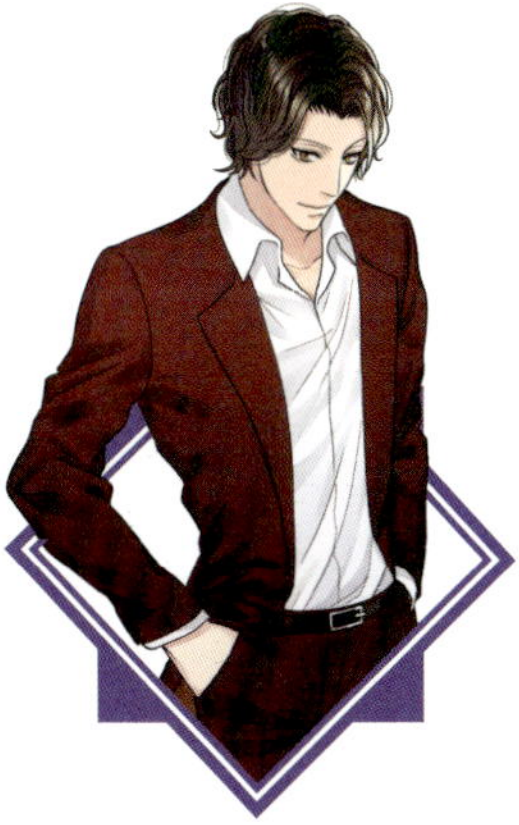

二項対立を無効化するデリダの言説は、時にすべての価値の否定と捉えられる。だが、二項対立から排除されるものを探り、正義を志向し続けることこそ、デリダの求めたものだ。

「真理」の支配に抗した西欧哲学との対決

フランス植民地アルジェリアで、フランスに同化したユダヤ人家庭の三男としてデリダは生まれる。西欧哲学は「声こそが、真理を語る」という考えに支配されていると考えたデリダは、それを脱構築し、ずらしつづけることで、絶対的な「真理」に取り憑かれた思考を脱しようとした。このようなデリダの思想は、「真理」を批判するポストモダン哲学の代表と目されるようになる。やがてデリダは世界中を飛び回りながら、「真理」を相対化する脱構築がいかに正義につながるかという政治倫理問題を、独自の文章により追求していくことになる。

ジャック・デリダと関係の深い哲学用語

▼脱構築

脱構築はある論理体系を否定して破壊するのではなく、その論理を突きつめることで内側から矛盾をあぶり出し、その論理体系自体を作り変えてしまう作業である。デリダは西欧哲学の脱構築を目指したが、この脱構築という作業は文学理論や建築など、多方面に影響を与えた。

▼エクリチュール

デリダは西欧哲学の話し言葉（パロール）を重視する考えを批判し、書き言葉を意味するエクリチュールを重視した。決定不能な両義性や、多義性を持つエクリチュールの複雑さを分析することで、デリダは「真理を直接、口から語っている」という考えを批判したのだ。

年表&思想分類
現代の哲学者

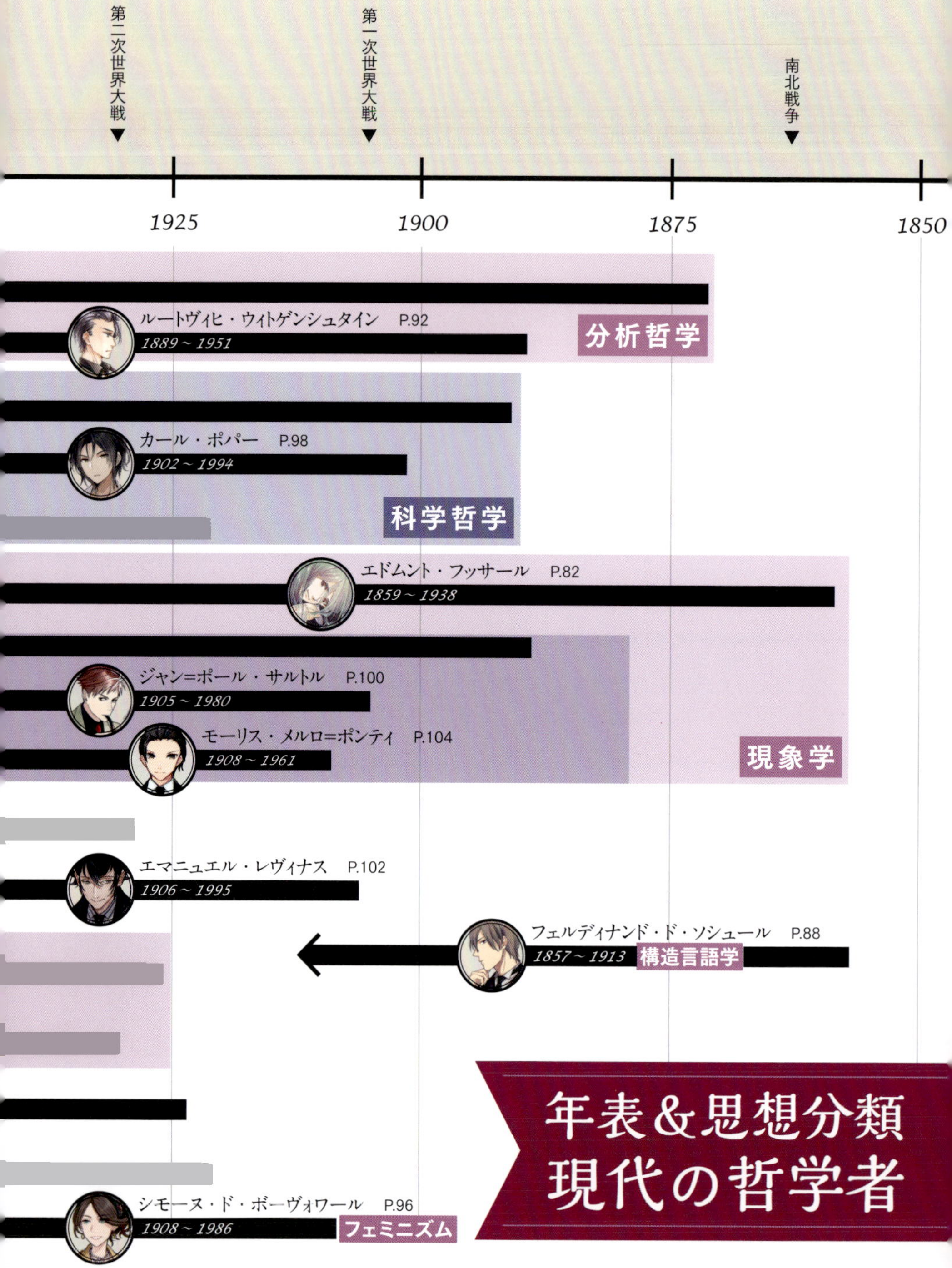

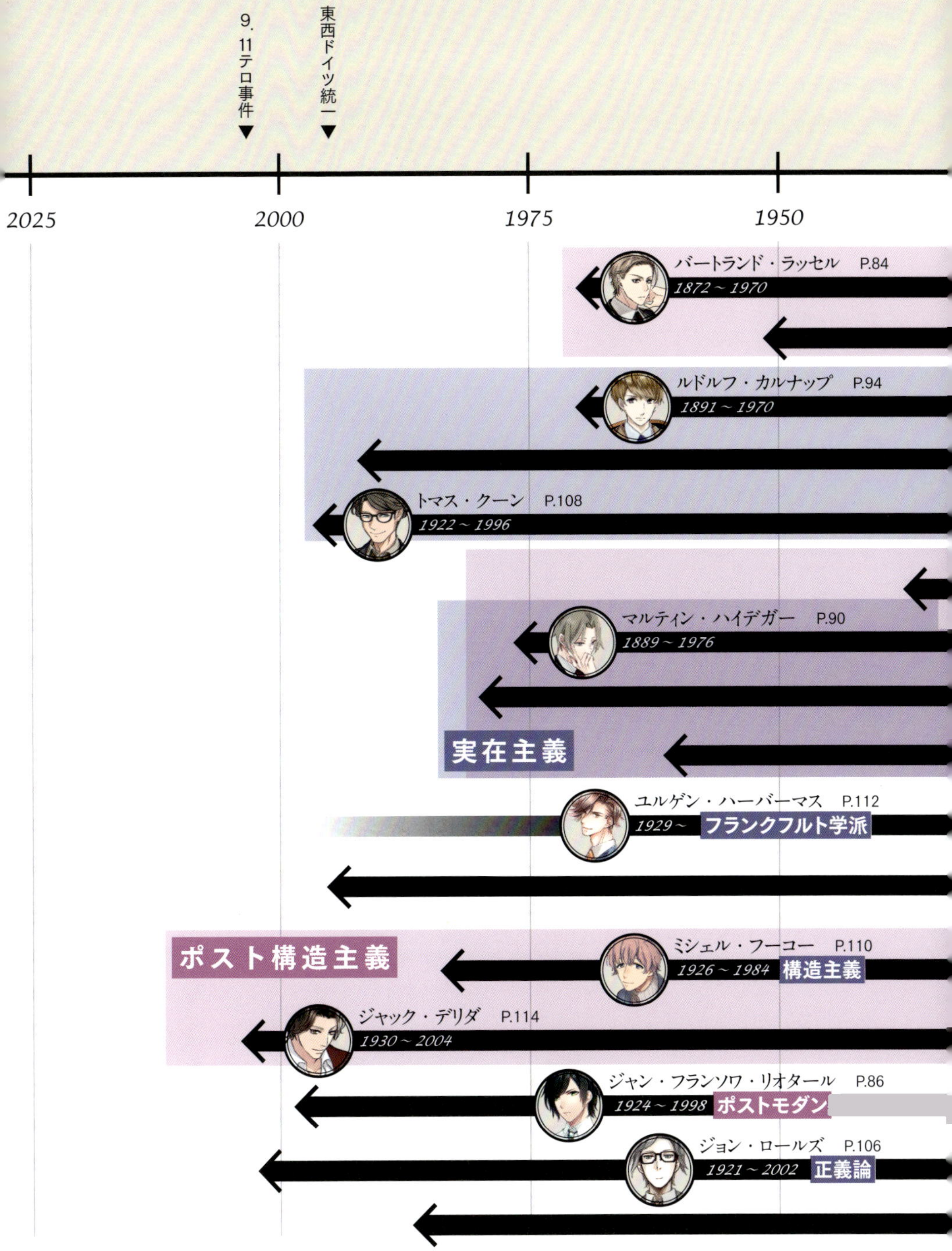
9.11テロ事件
東西ドイツ統一
2025
2000
1975
1950
バートランド・ラッセル P.84
1872～1970
ルドルフ・カルナップ P.94
1891～1970
トマス・クーン P.108
1922～1996
マルティン・ハイデガー P.90
1889～1976
実在主義
ユルゲン・ハーバーマス P.112
1929～
フランクフルト学派
ポスト構造主義
ミシェル・フーコー P.110
1926～1984
構造主義
ジャック・デリダ P.114
1930～2004
ジャン・フランソワ・リオタール P.86
1924～1998
ポストモダン
ジョン・ロールズ P.106
1921～2002
正義論

参考文献

「大辞林」（三省堂）
「大辞泉」（小学館）
「世界大百科事典」（平凡社）
「世界文学大事典」（集英社）
「日本大百科全書」（小学館）
「ブリタニカ国際大百科事典」（ブリタニカ・ジャパン）
「情報・知識 imidas 2017」（集英社）
「社会学文献事典」見田宗介ほか（弘文堂）
「社会学事典」見田宗介ほか（弘文堂）
「哲学事典」（平凡社）
「岩波　女性学事典」井上輝子ほか（岩波書店）
「岩波哲学・思想事典」廣松渉ほか（岩波書店）
「事典　哲学の樹」永井均ほか（講談社）
「サルトル」梅木達郎（NHK出版）
「メルロ＝ポンティ」熊野純彦（NHK出版）
「レヴィナス」小泉義之（NHK出版）
「レヴィナスを読む」合田正人（NHK出版）
「フーコー」神崎繁（NHK出版）
「聖フーコー」デイヴィッド・M. ハルプリン、村山 敏勝 (翻訳)（太田出版）
「メルロ＝ポンティ「眼と精神」を読む」富松保文ほか（武蔵野美術大学出版局）
「わかりたいあなたのための現代思想・入門」小坂修平ほか（宝島社）
「クーン」野家啓一（講談社）
「ポパー」小笠原誠（講談社）
「科学哲学の冒険」戸田山和久（NHK出版）
「ロールズ」川本隆史（講談社）
「集中講義　アメリカ現代思想」仲正昌樹（NHK出版）
「社会学入門」稲葉振一郎（NHK出版）
「デリダ」高橋哲哉（講談社）
「デリダ」斎藤慶典（NHK出版）
「哲学用語図鑑」田中正人、斎藤哲也（プレジデント社）
「哲学者図鑑」富増章成（かんき出版）
「史上最強の哲学入門」飲茶（マガジン・マガジン）
「倫理用語集」（山川出版社）

好評発売中！

マンガでわかる！
世界最凶の独裁者 18 人

編／黒い世界史調査会

虐殺、粛清、弾圧。暗黒の歴史を知る！

ヒトラー、フセイン、毛沢東…彼らはいかにして残虐非道な独裁者になったのか！？これまで世界に登場した、悪名高き 18 人の生涯をマンガでわかりやすく紐解き、人が独裁者に変わる瞬間に迫る１冊！

定価（本体 1200 円＋税） ISBN978-4-86470-087-0

水王舎

キャラクターでわかる
哲学者コレクション

2017年11月1日　第一刷発行

著　者　哲コレ製作委員会
発行人　出口汪
発行所　株式会社 水王舎
〒160-0023
東京都新宿区西新宿6-15-1
ラ・トゥール新宿511
電話　03-5909-8920

本文印刷　大日本印刷
カバー印刷　歩プロセス
製　本　ナショナル製本
写　真　PIXTA
ブックデザイン　株式会社ACQUA
太田俊宏（開発社）
編集協力　山下達広（開発社）、浅水美保
井本智恵子、早川純加
藤岡千夏、松本晋平
編集統括　瀬戸起彦（水王舎）

落丁、乱丁本はお取り替えいたします。
©Tetsukoreseisakuiinkai,2017
Printed in Japan
ISBN978-4-86470-088-7